理財的階梯

龐愛蘭 著

理財的階梯

作者／龐愛蘭

總編輯／馬鎮梅

責任編輯／廖迎祺

資料整理／陳巧明

美術設計／劉碧雲

出版發行／突破出版社

香港沙田亞公角山路 33 號突破青年村

電話：2632 0000　傳真：2632 0388

電郵：breakthrough@breakthrough.org.hk

網址：http://www.breakthrough.org.hk

http://www.btproduct.com

承印／海洋印務

2005 年 1 月初版 1 刷

2007 年 11 月 2 版 1 刷

Money Management : It makes cents

by Pong Scarlett Oi Lan

First Printing, First Edition, January 2005

First Printing, Second Edition, Novermber 2007

ISBN 978-962-8791-73-6

吳兆基先生及姚志鵬先生於組稿期間幫忙審讀，予以指正，謹此鳴謝。

本書經文引自《新標點和合本》，版權為香港聖經公會所有。承蒙允許採用，特此鳴謝。

飛翔專號

目錄

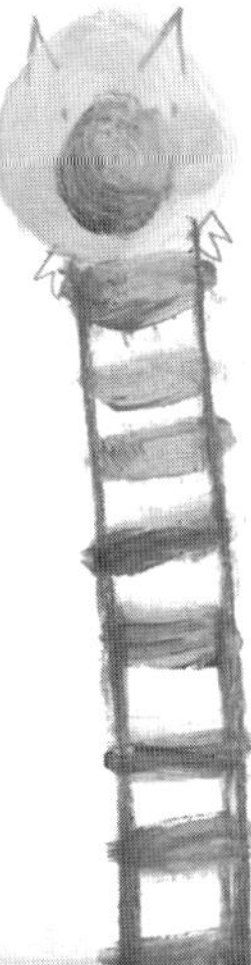

LEVEL 6
建立你的財政儲備

LEVEL 7
關於消費的迷思

LEVEL 8
小小神奇信用卡

編按：書中貨幣除特別註明，一概以港幣為單位

序 1

你可以選擇做一個富有的人

香港經歷了一段頗長時期的經濟衰退，很多中學生或大學生都惶恐畢業以後就會馬上失業，既失學又失業，「雙失青年」成為這個時代的一個新名詞。但我可以告訴大家，香港曾經有過比這更艱難的日子……所以，不用怕。事實上**儘管我們不會永遠活在富裕的社會當中，我們卻可以選擇做一個富有的人。**

什麼可以使我們富有？我們大部分人都不是富翁，是不是等於我們都不富有呢？我說不是——

我們應該因為自己能閱讀而感到富有，因為你有能力去理解世上的學問；我們應該因為有親愛的家人和朋友而感到富有，因為有他們，你不是孤獨的；我們應該為能活着的每一天感到富有，因為每一天都是新的，每一天你都可以去嘗試一些新事物；當然，我們也為自己有可以動用的金錢而感到富有，因為你有如何使用它的自由——自由真是寶貴！

自由跟慾望不一樣，慾望是身不由己，被貪念牽着鼻子走，一個對金錢或物質慾望過多的人，終日為此牽腸掛肚，其實是金錢的奴隸。而我們學習的是管理金錢，我們不可浪費我們的自由，錢是你的，但它也是地球的資源，不應白白流走，更不可變成一筆糊塗賬，因為我相信你也不想做個糊塗的人。

《理財的階梯》宣揚的是使用金錢的自由，利用它去豐富你和別人的人生，即使那只是一角幾毫，也要賦予它最大的價值。**有很多的錢不值得驕傲，以有限的錢來達成遠大的理想，才是我們渴望見到的年輕人！**

李鵬飛

時事評論員

金錢不可以買什麼

*「擁有金錢並不能代表成功及快樂，實際上有很多東西是錢買不到的，如健康、親情及友情等。我們不會單為擁有金錢而開心，卻會因藉它達成願望而獲得滿足及自由。」*看到書中這一段，心中躍然附和——是的，**金錢可以買到醫藥，卻買不到健康；可以買到房子，卻買不到家庭；可以買到娛樂，卻買不到快樂！**在我心目中：Money is a good servant but a bad master，關鍵是如何能夠理財得宜，既不作金錢的奴隸，亦毋須為生活困乏而憂慮。

誠如龐小姐所言，管理財富是每個人必須的，若能從小養成良好的習慣、累積理財的學問，想必一生受用。其實，即使再年幼的讀者也會有「理財」的經驗——你試過編排時間表嗎？試過絞盡腦汁、仔細分配「不夠用」的時間，讓自己在做功課、溫習之餘，可以打球、看電視嗎？「時間」是人所共有的「財富」，管理時間其實亦是「理財」的智慧：You do not have enough time to do all that you want to do, but should have the time to do the most important ones。

你試過寫家計簿記錄收支嗎？有想過怎樣管理「利是錢」嗎？可知道哪些是適合自己的投資計劃？……這本書沒有艱深的經濟理論，所寫的都是適合年輕人、具體可行的理財方法，當中還有不少個案分析，讓讀者可以分享成功人士的理財心得，是年輕人學習理財的好讀物。

就讓我們一同踏上理財的階梯，好好計劃未來，享受自由、富足的人生。

林順潮教授

香港中文大學醫學院副院長暨
眼科及視覺科學系主任

中國銀行(香港)有限公司
AW546189
港幣壹佰圓
ONE HUNDRED
HONG KONG DOLLARS
100
100
100
100

Level 1

引言——世事變幻無常 理財原是永恆

如果你不好好管理時間及作息，

你的生活很快會變得一團糟；

漠視理財的後果也是一樣。

為什麼要理財？

學習理財並非一個新概念，但近幾年漸漸有更多人發現理財是很切身的需要。尤其在97後，不少家庭長期承受失業及負資產的壓力，又碰上2003年非典型肺炎襲港，對民生、經濟、人心，都造成前所未見的衝擊。2004年底南亞大海嘯更是本世紀我們共同目睹的最大災難……

這都向我們説明了一個事實——世事變幻無常，無論是個人、社會或國家的發展和前途，都受着各種內外因素影響。「沙士」期間，不光是國際經貿合作及商業往還要停頓，很多人的升學計劃都被拖延，就連結婚及生育等終身大事也要押後。面對多變的將來，「理財」可以給予我們一份保障，幫助我們更容易實現目標及理想，學習理財永遠是計劃未來的重要裝備之一。

管理生活的工具

當你看到這裏，腦際泛起的念頭可能是：「咦，又說理財！市儈到死！」無可否認，許多人對「理財」都會有各式各樣的想法，但大部分卻是出於誤解。例如有人會像你一樣，覺得常把金錢掛在口邊很是「市儈」；有的又會認為理財是有錢人的玩意，與「餐飲餐食餐餐清」的年輕人更是毫不相干；亦有些人以為理財是艱深的數字遊戲，還是留待長大後再談吧……實情是，談金錢並不一定是「市儈」，貪財、惟利是圖才是市儈的真貌。金錢無疑與我們的生活息息相關，但必須要清楚知道，金錢並非生活的目的，它只是生活的工具。

遠古以物易物的時代，農夫以農作物換取獵人的獵物，大家從而各得其所。放眼今天的知識型社會，各界專業人士利用自己的專長賺取金錢，從而得到自己生活所需，就如醫生行醫救人幫人，從而獲取診金。這一切並非唾手可得，而是多年付出努力應得的回報。

自力更生的自由

所以，金錢只是一個量度的指標，以此衡量一個人的努力。擁有金錢並不能代表成功及快樂，實際上有很多東西是錢買不到的，如健康、親情及友情等。所以我們不會單為擁有金錢而開心，卻會因藉它達成願望而獲得滿足及自由。

香港著名畫家阿虫就是一個活生生的例子，他曾說從前繪畫是為餬口，如今他生活充裕，擁有財務上的自由，就可以為發揮自己所長而繪畫，只要做得開心又有意義，亦不須計較某一項工作賺不賺錢。藉着金錢，他不但可以實踐自己的理想，更可以自力更生，不需倚賴他人而享受到創作的自由。

既然金錢是生活中必然遇上的工具，理財自然是一套管理的學問，與管理時間、保持身心健康等生活常識無異。如果你不好好管理時間及作息，你的生活很快會變得一團糟；漠視理財的後果也是一樣。說到這裏，你會否重新考慮，給「理財」一個機會？

理財為理想

理財絕不只是有錢人的玩意，一般人更需要學習理財，因為可供花費和儲蓄的金錢愈是有限，愈是需要更謹慎、更有智慧地管理。筆者認識一位年輕人，中五畢業後投入社會工作，當時只有十八、九歲，雖然收入不多，每逢發薪的日子，仍然按比例分配，有條不紊——家用、日常開支、儲蓄、為父母購買保險、進修撥備等；他小心謹慎，持之以恆。雖然他的收入絕對算不上是豐厚，但他沒有負債的煩惱，有了財務的自由，更可以向進修的目標進發。

從另一方面想，難道富有的人便不用正視自己的財富、作好理財的準備麼？過去樓市興旺，許多人紛紛置業，當中更不乏炒賣投機分子，光是排隊已有厚利，但當樓市逆轉，泡沫爆破，僥倖的還算能平手離場，不幸的便無法自拔，導致負債累累。在這類房產及投資市場中，金錢的起落可以十分駭人，有些人可以一夜之間散盡家當。從這一個風浪，可見缺乏長遠理財計劃、沒有分散風險的後果。所以，謹慎理財的概念還是愈早實行愈好，還要持之以恆，即使遇上全球經濟陷入低潮，也能自保，避免資產貶值。

了解到「人人皆要理財」，我們還要實踐「把理財變為習慣」的信條。趁着年紀小，管理的金額不多，投資承受的風險亦相對較小，以這樣的條件，最適合開始學習理財投資。我們可以把理財視為一種習慣，以輕鬆的心態學習管理自己的金錢，直至你訂立了一個明確的目標，你會發現自己已經踏上了一道人生的階梯——每一次學習、每一次經驗，都教你往前挪一級，帶領你一步一步向目標邁進。

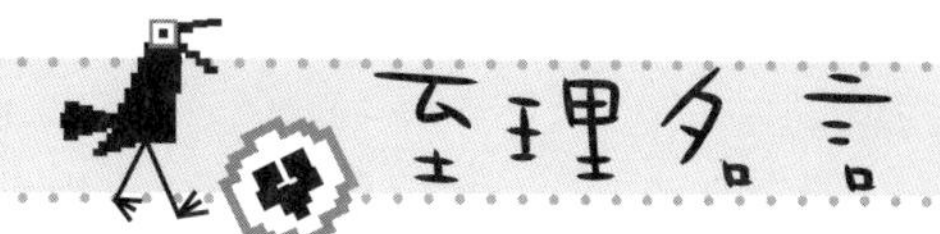

曾志偉 **電視節目主持、著名演員**

要珍惜現在，人長大了，才懂得如何去愛人。有能力賺錢，代表有能力多做一些善事，人生更有意義。

陳鍵鋒 **電視藝員**

家庭教育對我影響很深，從小建立良好的生活習慣十分重要，令我即使進入娛樂圈工作，也能作基督徒的樣式，藉着媒體表達我的信仰。金錢是為滿足基本生活，要用得有意義，享受做好事帶來的欣喜。直至一天可以退休，我要再讀大學及尋求理想的生活模式。

林行止 **《信報》創辦人**

「很多人錯誤理解金錢利害等同『經濟』，其實二者分野甚大……經濟中的『經』是有條不紊的管理，『濟』字是『水齊』之貌，經世濟民的事業，於涉及利益分配上，便是全面照顧所有階層，包括弱勢社羣，以達雨露均沾的效益。」

20/12/2004《信報》

中國銀行(香港)有限公司
BANK OF CHINA (HONG KONG) LIMITED
AW546189
港幣壹佰圓
ONE HUNDRED
HONG KONG DOLLARS
100
100
100
100

Level 2

升學的財政預算案

從這個綜合的階梯，

你可以選擇理想的路向，

繪製你自己的升學地圖。

計劃你的目的地

每天，我們上學放學，不管乘巴士或是坐地鐵，總是知道目的地在哪裏才決定用哪種交通工具；誰會說：「我雖然還未決定去哪個地方，但我還是隨便挑一條路線的車乘坐吧！上車之後，再看看環境，想一想再決定目的地。」正常情況下，如果你計劃去灣仔，你決不會搭往東涌的車。倘若上路後才決定目的地，就不免要走冤枉路了。

這是一個顯淺不過的道理：你想過怎樣的人生，你今天就得為這目標而努力。人生原來好比一條路，有些人在路上兜兜轉轉，營營役役，年近半百也未知自己的人生目標，終其一生都在「生活是為賺錢，賺錢也是為了生活」這循環中勞碌。

你的志願有多遠？

工作是賺取生活所需的途徑，你想從事什麼工作？相信大家小時候作文都寫過〈我的志願〉。當時的選擇不多，不外乎是醫生、律師、建築師、警察、護士、教師等，當中又有多少如今仍是我們的志願？如果電影電視裏那些妙手仁心大國手、雄辯滔滔的大律師所過的「優越生活」叫人羨慕不已，你有沒有想過這都是經過媒體粉飾的表象？成功須苦幹，可知當中要經過多少關口，才能達到你的目標？

這裏有一幅升學階梯圖（見後頁），讓我們先從中五畢業的中途站開始，看看不同的出路——從整個進修階梯可以看到，可走的路有很多，但要成為像醫生、大律師這類專業人士要走的路還要更漫長。接受高等教育動輒是五年以上的投資，過往在通縮情況下學生的教育費並沒有因應整體環境而下調，而未來香港政府亦動議大學教育由三年改為四年制，年期長了，腰包要掏出的數目亦自然遞增。

從這個綜合的階梯，你可以選擇理想的路向，繪製你自己的升學地圖，然後我們再一起計算你需要多少學費通往你的目的地。

中五畢業生進修階梯

- 中五 → 升學 → 本地 → 中六 → 中七
  - 各院校／職訓局副學位（副學士、高級文憑及專業文憑）課程
  - 教育學院／演藝學院
  - 珠海／青年會及其他院校
  - 各大學校外／專業／持續進修學院
  - 毅進計劃課程
- 升學 → 海外：HKCEE/GCSE/TOFEL/IELTS；各國領事館／文化協會 → 英／美／澳／加／紐／其他
- 升學 → 內地：中聯辦
- 中五 → 重讀中五 → 升學
- 中五 → 職業教育及訓練
  - IVE基礎文憑
  - 職訓局青年學院中專文憑（精修）
  - 職訓局訓練及發展中心技術員基礎課程／其他證書課程
  - 建造業訓練局建造業監工／技術員課程
  - 製衣業訓練局文憑課程 → 理大高級文憑課程
  - 其他教育機構（明愛、菲臘牙科醫院、中華廚藝學院等）
- 中五 → 就業及業餘進修
- 中五 → 勞工處「展翅計劃」及「青少年就業計劃」 → 就業及業餘進修

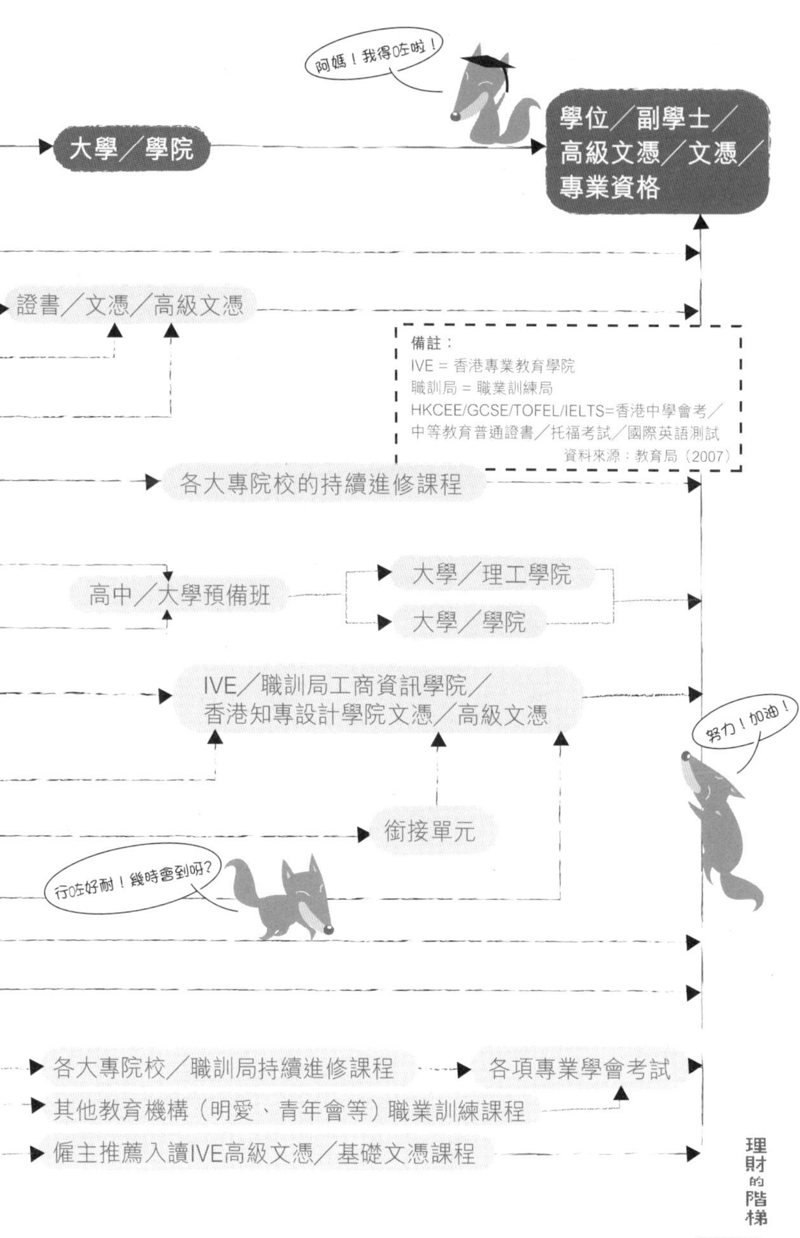
阿媽！我得咗啦！
大學／學院
學位／副學士／
高級文憑／文憑／
專業資格
證書／文憑／高級文憑
備註：
IVE = 香港專業教育學院
職訓局 = 職業訓練局
HKCEE/GCSE/TOFEL/IELTS=香港中學會考／中等教育普通證書／托福考試／國際英語測試
資料來源：教育局（2007）
各大專院校的持續進修課程
大學／理工學院
高中／大學預備班
大學／學院
IVE／職訓局工商資訊學院／
香港知專設計學院文憑／高級文憑
努力！加油！
銜接單元
行咗好耐！幾時會到呀？
各大專院校／職訓局持續進修課程
各項專業學會考試
其他教育機構（明愛、青年會等）職業訓練課程
僱主推薦入讀IVE高級文憑／基礎文憑課程

本地／海外學費計一計

如果你的志願是要接受大學教育才能達成，就請按自己選擇的課程，用下表推算你的大學教育所需的開支；如果你還有兄弟姊妹的話，更可以一併計算，藉以了解父母的經濟負擔。

香港專上教育學費一覽表

課程	每年學費	每年院校住宿費	每年書簿雜費
學士課程	40,000 - 48,000	7,500 - 10,000	12,000
專科學士課程（醫科 / 建築）	48,000	7,500 - 10,000	20,000
副學士課程	30,000 - 50,000	10,000	12,000
高級文憑課程	20,000 - 40,000	10,000	12,000
文憑課程	10,000 - 40,000		12,000

年期	總開支（中位數）
3 - 4	238,000-280,000 （259,000）
5	377,500-390,000 （383,750）
2 - 3	156,000-216,000 （186,000）
2 - 3	126,000-186,000 （156,000）
1 - 2	44,000-104,000 （74,000）

備註：

- 以上的費用純粹是約數，只供參考，資料來源：正富資產管理有限公司（2004）
- 每年院校住宿：較新建成的院校宿舍，租住費用較高，如理工大學及城市大學
- 每年書簿雜費：包括功課的製作費用及學習材料，如參考書及電腦等

海外升學學費一覽表

課程	每年學費（中位數）	每年基本生活開支（中位數）	每年保險費
英國			
高中 / 大學預備班	58,000-270,000（164,000）	74,200-91,250（82,725）	3,800
醫科	78,125-225,000（151,563）	74,200-91,250（82,725）	3,800
大學	80,000-130,000（105,000）	74,200-91,250（82,725）	3,800
美國			
高中 / 大學預備班	195,000-310,000（252,500）	35,100-58,500（46,800）	3,800
大學	55,000-23,000（142,500）	35,100-58,500（46,800）	3,800
加拿大			
高中 / 大學預備班	40,000-79,000（59,500）	48,048-68,640（58,344）	3,800
大學	45,000-170,000（107,500）	48,048-68,640（58,344）	3,800
澳洲			
高中 / 大學預備班	30,000-75,000（52,500）	67,340-103,600（85,470）	3,800
大學	50,000-83,000（66,500）	67,340-103,600（85,470）	3,800
新西蘭			
高中 / 大學預備班	35,000-74,000（54.500）	40,950-59,150（50,050）	3,800
大學	52,000-95,000（73,000）	40,950-59,150（50,050）	3,800
中國內地			
高中 / 大學預備班	7,000-10,000（8,500）	3,200-7,500（5,350）	3,800
大學	8,000-12,000（10,000）	3,200-7,500（5,350）	3,800

年期	每程來回機票費	總開支中位數
2	4,900	510,850
4	4,900	971,950
3	4,900	589,280
1	4,650	307,750
4	4,650	791,000
1	4,880	126,524
3	4,880	523,572
1	4,590	146,360
3	4,590	481,080
1	4,750	113,100
3	4,750	396,300
1	1,900	19,550
3	1,900	63,150

備註：

- 以上的費用純粹是約數，以港幣計算，只供參考。資料來源：正富資產管理有限公司（2004）
- 每年保險：包括醫療、危疾及意外
- 每年基本生活開支：包括食宿，未計其他消費
- 每程機票費：以2004年12月的數字作參考（未含稅）

你現在已知道本港及海外大學一年的學費要多少，但你可知道要進入醫生、藥劑師、律師、會計師和建築師這類專業，就算完成大學課程亦未能執業嗎？要成為一位專業人士，就必須先實習，一般為期一年或以上，但各個專業都有共通點——繳交學費，付出金錢、心血及時間！這是你對未來的投資，現在接受的教育和訓練，就是將來在社會謀生的技能，藉以賺取生活所需及發揮才能，且看一個真實的例子：

剛踏足社會半年的阿誠，去年於澳洲的新南威爾斯大學(New South Wales University)建築學系畢業，完成了五年建築學位課程，每年學費為一萬五千澳元，大約是港幣九萬元；加上每年的生活雜費，他在澳洲讀書時耗資超過七十萬港元。

但他並不能一畢業便成為註冊建築師，阿誠還要實習兩年，待考取香港建築師學會的專業試才可成為註冊建築師。實習期間，平均月薪是一萬六千元，成為註冊建築師後的平均月薪約為二萬元。這的確是一條漫長的道路，屬於長線投資，大家一定要有心理及金錢的準備。

如此看來，父母的擔子可真不輕，但你亦千萬別因家境緣故而放棄升學的理想。別小看自己，你絕對有能力為自己實現升學的願望！除了努力讀書及儲蓄投資外，你可以努力考取獎學金及政府資助計劃，去完成心中理想，以下是往各地(包括香港)升學、申請獎學金及政府資助計劃的聯絡途徑：

升學諮詢機構

機構	電話	網址（http://）
香港學生資助辦事處	2150 6000	www.info.gov.hk/sfaa
英國文化協會留英升學中心	2913 5100	www.britishcouncil.org.hk
(美國) 國際教育協會	2603 5771	www.iiehongkong.org
加拿大教育中心	2524 9668	www.studyincanada.com
澳洲駐香港總領事館教育部	2827 5475	studyinaustralia.gov.au
新西蘭駐香港總領事館	2877 4488	www.nzembassy.com
京港學術交流中心	2892 1267	www.bhkaec.org.hk

升學諮詢機構（續）

機構	電話	網址（http://）
在香港日本國總領事館	2522 1184	www.jasso.go.jp/index_e.html
法國教育國際協作署香港辦事處	3196 6208	www.hongkong.edufrance.fr
德意志學術交流中心	3411 5326	ic.daad.de/hongkong/

要有「理想職業」就得付出努力，更不得不繳交可觀的學費！若你希望能為你的志願盡上一點力，就該善用你現在擁有的一分一毫。在往後的章節，我們將會更詳細地討論怎樣藉着有系統的理財，去達成不同階段的目標。

準備留學前，以下細則要特別留意：

1. 透過中介公司辦理申請時，如要預繳高昂註冊費，就要格外小心。
2. 申請入讀前，可向教育統籌局的升學及輔導服務組、非牟利機構及有關國家的領事館或專員公署，查詢將要報讀院校的背景。
3. 查證可否在當地自由轉讀另一所院校，以及在何種情況下可獲發還已繳付的學費。
4. 注意只有當地移民局或駐港領事館，才能為學生辦理入境簽證手續。

陳啓泰　**香港版《百萬富翁》電視節目主持人**

我本來修讀經濟，畢業後也曾在銀行工作，別人覺得理所當然。但我的志願是做歌手，所以我決定轉入電視台，能夠步向理想還是值得的。

王英偉　**駿豪集團行政總裁（前瑞安房地產副主席）**

生活中不會永遠一帆風順，要經得起風浪。面對挑戰，是每一位青年朋友成長的必經之路。遇到逆境，就應該勇敢面對，以鬥志去戰勝困難。不要總是問社會欠了你什麼，而應問自己可以做哪些有意義的事。

中國銀行(香港)有限公司
BANK OF CHINA (HONG KONG) LIMITED
AW546189
港幣壹佰圓
ONE HUNDRED
HONG KONG DOLLARS
100

Level 3

尋找最具前景的行業

喜愛自己所做的工作是成功的關鍵之一，

最終亦能助你登上事業高峯。

筆者於路訊通（Roadshow）主持的「龐愛蘭會客室」曾訪問時事評論員李鵬飛先生有關現時各行業的前景，同場還有百多位來自本地八所大學的大學生，他們就以下十個行業投票選出「最具前景」的行業：

小型選舉——大學生心中最具前景的行業（排名不分先後）

- 電子商貿及資訊科技
- 酒店及旅遊 （第一位）
- 創意工業（包括廣告、產品設計、文化、電影及手工藝等）
- 物流及運輸 （第三位）
- 金融、投資及保險 （第二位）
- 教育及培訓
- 生物科技及保健產品
- 地產及建造業
- 電訊及廣播業
- 飲食業

最後，學生認為最有前景的是酒店及旅遊，第二位及第三位分別是金融、投資及保險和物流及運輸。李鵬飛先生即時剖析三個行業的前景，首先，他認為香港是最優秀的服務中心，酒店及旅遊業的前景絕對不俗。另外，他認為中國也沒必要有兩個金融中心，何況香港已是亞太金融中心，地位無可替代，就算上海要發力趕上，也非一朝一夕的事。至於物流業，其重要性於2003年初非典型肺炎肆虐時可見，縱使受疫情影響，香港的物流中心地位仍然穩固；他更預料在港珠澳大橋建成後，香港的貨櫃收費將會下降，競爭力會進一步提升。

其實，每個人對「最具前景」行業都會有不同見解，而屬於你自己的「最具前景」職業排名榜又有哪些行業？各人心儀的職業縱有不同，最理想自然是能選擇自己喜歡的職業，正所謂「行行出狀元」嘛。

然而不管是什麼行業，它們都有一個共通點，就是必須接受相應的專業訓練，而經驗也隨年月累積。讓我們暫且將回報狹義地以金錢計算，就可以藉着後頁的表列中看到多個行業在工作經驗、訓練與回報的關係：

熱門行業月薪參考

職位（可晉升至該職級的所需年資）	在任後 0-1 年經驗	在任後 2-4 年經驗	在任後 5 年經驗或以上
金融業務			
基金管理			
首席投資員（10年或以上）	60-80k	80-100k	100-150k 以上
基金經理（6-10 年）	40-50k	50-75k	75k 以上
分析員（2-4 年）	20-25k	25-35k	35-45k
投資交易			
機構從業員（6-8 年）	40-50k	50-100k	面議
從業員（2-5 年）	15-25k	25-40k	40-50k 以上
交易員（2-5 年）	15-25k	25-35k	35-50k 以上
銀行業			
分區經理（10 年或以上）	40k	40-65k	65k 以上
分行經理（8-10 年）	25-30k	30-40k	40k 以上
部門經理（6-8 年）	20-25k	25-35k	35k 以上
顧客服務主任（2-3 年）	10k	10-18k	15-25k
櫃位職員（0-2 年）	6-8k	8-14k	15k 以上
酒店業			
部門經理（10 年）	40-45k	40-45k	50k 以上
營業經理（5 年）	17k	22-23k	25k 以上
客務經理（2-3 年）	14k 以上	16-19k	20k 以上
餐飲經理（2-3 年）	8k	10-12k	13-15k 以上

職位 （可晉升至該職級的所需年資）	在任後 0-1 年 經驗	在任後 2-4 年 經驗	在任後 5 年 經驗或以上
餐飲業			
營運經理（10 年）	48-55k	55-65k	65k 以上
分區經理（7-9 年）	32-35k	40-45k	50k 以上
店務經理（5-6 年）	18-20k	23-25k	28-30k
助理經理（3-4 年）	8-9k	12-14k	15k 以上
物流業			
船務			
物流經理（10 年）	18-20k	28-29k	38k 以上
船務經理（6-7 年）	17k	18-25k	27-35k 以上
船務主任（2-3 年）	12k	13-14k	14-15k 以上
船務文員（0-1 年）	7k 以上	9-11k	12k 以上
倉務			
倉務經理（5 年）	16-18k	18-20k	20-25k 以上
倉務文員（0-1 年）	7k	8-9k	12k 以上
旅遊業			
經理（10 年或以上）	22-24k	25-28k	28k 以上
分行經理（3 年）	7-8k	9-10k	11k 以上
文員（0-2 年）	7k 以上	8-10k	11k 以上
導遊（0-1 年）	2k 以上佣金		
保險業			
高級保險從業員（5-6 年）	20-25k	25-35k	35-45k
業務經理（3-4 年）	12-15k	15-20k	20-30k
保險從業員（2-3 年）	4-8k	9-12k	14-20k

備　　註：k=000

資料來源：正富資產管理有限公司（2004）

大家心中可能有其他更具前景的行業，我們除了考慮其薪酬回報外，亦應了解自己的喜好，喜愛自己所做的工作是成功的關鍵之一，最終亦能助你登上事業高峯。就以生物科技為例，這門新興行業的投資期可能很長，而且沒有人保證你到何時才能發掘一些新的科技，然而一旦你的發明被認可，那份滿足感又豈是你之前能想像的？

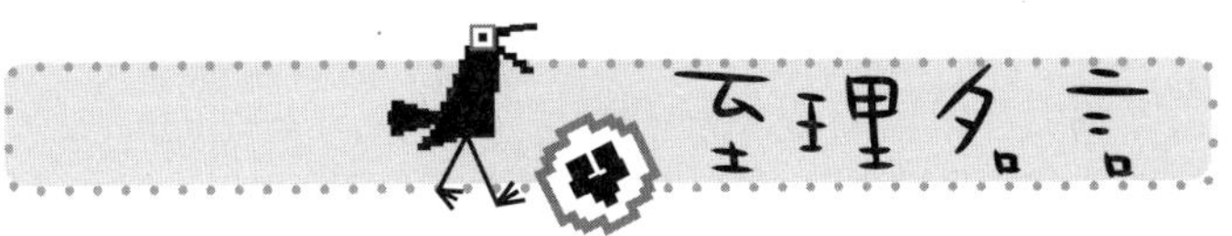

張學友　**著名歌星、演員**

入行十九年，永遠要向前看，不要因一時的成功而迷失自我，每天都要尋求新的進步。

林順潮　**香港中文大學醫學院副院長暨眼科及視覺科學系主任**

選擇工作最好是自己喜愛的，而且要有 passion ，便會樂此不疲，我慶幸可以從事自己喜歡的行業，能夠直接幫助有需要的人。工作要經常有挑戰及突破，in search of excellence but not perfection， 每一天盡力而為，為明天打好基礎。

中国銀行(香港)有限公司
AW546189
港幣壹佰圓
ONE HUNDRED
HONG KONG DOLLARS
100
100
100
100

Level 4

你有沒有「老闆基因」？

創業是一項艱巨的工程，由缺乏經驗的年輕人去做，

那份困難可想而知，

但他們仍然去闖，就是靠着創意和勇氣。

「我要做老闆！」

或許你會認為讀書並不適合自己，寧願發揮創意，開展一番事業，果真如此，真的其志可嘉；但你首先要認識自己，衡量自己的性格特質，是否適合自己做老闆、有沒有「老闆基因」。你得自問是否屬於這類創業者的材料，因為你是公司最重要（甚至是惟一）的員工，必須了解自己的強項和弱項，因為你的性格及處事態度會決定生意的成敗。

「老闆基因」包括：

- 自我推動能力
- 良好人際關係
- 責任感
- 組織、計劃能力
- 領導才能
- 吃得苦
- 判斷力
- 守信用
- 持久的毅力
- 不怕煩、妥善整理的耐性

老闆性格測驗

以下要測試你是不是一位具潛質的創業者，請按每個情況選出一個最貼切的答案，計算總分後再作分析。

1. 你是否一個自我推動者？

a）見其他人開始了工作後，我就會開始獨立行事。

b）我可以自己單獨工作，不需其他人提點我。

c）我常叫自己放鬆，不會自告奮勇，除非有需要則另作別論。

2. 你與人相處的態度怎樣?

a）我覺得其他人總對我有很多偏見。

b）我喜歡與人相處，而且相處融洽。

c）我已有足夠朋友，不需要其他人。

3. 你有沒有責任感？

a）我也會處理問題，但我寧願其他人處理。

b）常常感覺有些人的行為只是想表現自己吧！

c）我會努力參與工作，務求整件事大功告成。

4. 你是否一位好的組織者？

a）我做事總會先計劃後實行。

b）如果事情不複雜，我會順利進行及完成。

c）我通常會順其自然吧！

5. 你可否領導他人？

a）我能領導其他人完成任務。

b）我能與其他人相處而沒有太大問題。

c）我通常讓其他人來領導。

6. 你是否一個吃得苦的人？

a）很多時候，努力也未必成功。

b）我會短時間努力，如無結果我便放棄。

c）我會努力，辛苦亦在所不計。

7. 你可有決斷的能力？

a）我需要很長時間才會下決定，如果決定得太快，通常都會後悔。

b）我可以很快下決定，而且整體上都有不錯的成果。

c）我不喜歡做決定。

8. 你是否可以得到別人的信任？

a）我盡量在表達時圓滑一點。

b）當然可以，因為我會實踐我的承諾。

c）其他人很少留意我説的話。

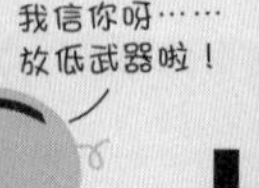

9. 你能否持之以恆？

a）我如果決定了，沒有人能阻止我。

b）假若工作不順利，又何必強求呢？

c）我通常會完成由我開始的工作。

10. 你會否整理及儲存好資料？

a）整理資料有那麼重要嗎？

b）我可以，但總有其他更重要的事要先辦。

c）這是需要的，故我會整理好。

請將十條問題所獲的分數加起來，然後看看現階段的你是否適合創業。

問題	答案／分數		
	a	b	c
1	2	10	5
2	2	10	5
3	2	5	10
4	10	5	2
5	10	5	2
6	2	5	10
7	5	10	2
8	5	10	2
9	10	2	5
10	2	5	10

分析結果

100 分 滿分！你是天生的創業者。

80-99 分 非常好！你擁有做老闆的特質，不要懷疑。

70-79 分 好！你是一個做生意的人才，但有一些弱點，可以加以訓練或請人代勞。

40-69 分 普通。你有很多環節需要強化。

40分以下 不滿意。暫時放下你創業的夢想，多一些經驗後才可計劃。

創業學堂

構思創業的時候，不妨動腦筋想一想，從自己的愛好入手，將興趣轉為事業。會彈鋼琴可以做鋼琴老師、運動能手可以當教練、具美術天分又懂電腦繪圖的也可以成立一家小公司，製作電腦動畫。然而，除了天馬行空一番，創業也是很實際的生意營運，不能單靠創意而行，還需要許多實踐的技巧。

現時坊間有不少團體舉辦協助青少年創業的計劃，提供工作坊教授經營生意的技巧，更有經驗豐富的企業家和專業人士分享創業心得，青少年參加這些計劃正是一個認識自己及嘗試創業的好機會。創業是一項艱巨的工程，由缺乏經驗的年輕人去做，那份困難可想而知，若能有前人的經驗作參考，至少能減少一些碰壁的機會。

「創業奇兵」就是其中一個鼓勵有志創業的人士勇於嘗試的計劃，其運作支出均由贊助商資助，課程包括由年輕創業家主講的研討會，分享他們的創業經驗和心得，以下是其中三位的分享，由個人的失敗經驗中總結教訓，逐點地累積創業的智慧。

（資料來源：http://www.shell-livewire.com.hk）

師傅教路

「海皇粥店」老闆蔡汪浩，在別人想不到的傳統粥店觸發新意念，突圍而出；irasia.com 創辦人許偉剛是第一批網絡先驅，也是少數在這股熱潮退卻後仍能堅持的創業家；「湯朝」老闆林俊武則衷心告誡年輕人：「做老闆的問題，日日新鮮！」創業的時候，他們都只是二十來歲，沒有太多社會經驗、資金不足，但他們仍然去闖，就是靠着創意和勇氣。

蔡汪浩——海皇粥店創辦人

「第一次創業的人有95%都是失敗居多。」十年間試過十個行業，最後以傳統粥店打出天下的「海皇粥店」執行董事蔡汪浩，最有資格向有意創業的年輕人潑這盤冷水。大學畢業後十年間，蔡汪浩從事過教育、運輸、水產、金融、貿易、飲食及製造等多個行業。回首當年，蔡汪浩說：「花了十年時間在兜兜轉轉，年輕時社會經驗不足，缺乏目標，見步行步，見到哪個行業好就做那行，一直在盲目亂闖。」多番碰壁，蔡汪浩明白到做生意勿輕信他人，而且一定要做足研究。創業時，必須有企業管理的知識去營運。而且做一個行業要專注，「記住，不熟不做！」雖然「創業並非個個都得」，但他亦勸喻年輕人：「失敗不要緊，切忌重蹈覆徹、失敗再失敗。」

蔡汪浩推崇現代管理，創業期間不斷鑽研管理學，並取得工商管理碩士學位。粥店的模式也是從外國企業個案取得靈感。「50年代麥當勞在美國推車仔賣包，可以發展到今日的成功。我從中得到啓發，粥品可否仿效他們的營運方式？」

許偉剛——irasia.com（亞洲投資專訊）創辦人

許偉剛則認為不踏出第一步，便不會成為餘下5%的成功創業家。二十多年前已懂得為父親編寫簡單電腦程式的許偉剛，1996年創辦irasia.com。那年他二十二歲，持着沒有人試過的新意念勇闖市場。

1996年，香港社會還未有大型互聯網供應商，網站還未普及，許偉剛便夥拍合伙人，替上市公司於網上發放投資者資訊，專營投資者關係。許偉剛手拿筆記簿型電腦走到上市公司介紹這個從未在全球市場出現過的新服務。「負責人跟我說：『我們沒有internet』……」他想了又想，意念其實是行得通的，只是客戶暫時未掌握。後來他花了很多唇舌向上市公司講解，其中有一間藍籌公司願意成為客戶，一傳十再傳百之下，生意便陸續有來。

創業難，開創行業先河更難。許偉剛慶幸並非在科網熱的時候創業，因為網絡熱潮向市場發出許多錯誤的信息，誤以為規模愈大愈好、將來再慢慢集資，結果形成泡沫市場。反而，他選擇踏實地營運，為客戶提供實質服務，以致今天仍然屹立不倒。

林俊武——湯朝創辦人

正職動畫師，身兼「湯朝」老闆的林俊武，自從做老火湯生意後，一星期開足七日工，每日清晨回公司接訂單，親自監製。從未做過生意的林俊武，有感而發：「當老闆並非想像中舒服，天天都有問題發生，請師傅足足請了兩個月。煲湯試味，單單材料成本都花了許多，而且每日都要蝕本。他不停的思考問題出在哪裏，同時不斷派傳單、設立網站收集意見，就是這份「願意接受批評的態度」終於令他們熬出頭。艱辛日子不易捱，林俊武説：「如果不是靠着一份執著，早就放棄這門生意了！」

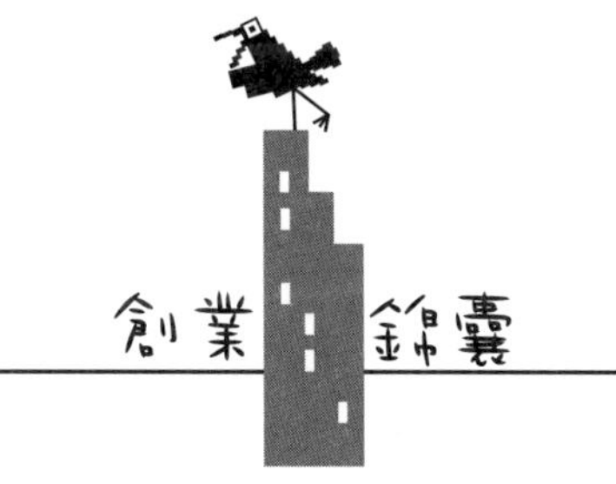

1. 創業不限於創新、高科技行業；也可改造舊有的夕陽行業，發掘更多的發展空間——不可墨守成規。粥店、甚至涼茶舖均有可能企業化，舊有行業是否有發展空間，只在乎你有沒有創意。
2. 資金不足，未必不能創業——可以嘗試合資、合股。只要你有技術、才華，甚至有責任心，都會令人願意跟你合作。
3. 不熟不做，減少失敗風險——看見別人投資的行業賺錢就貿然入行很容易失敗。要先深入了解這個行業的運作，甚至去實習一下才能了解箇中竅門，減低失敗的風險。

創業 FAQ

1. 有沒有做市場研究？

許偉剛：創業之前我們覺得有這個市場需求，但怎樣去證實？我們的目標是股票行及股票經紀，於是我們想盡辦法聯絡他們，與他們傾談，了解他們的日常運作模式及探討有沒有真正的市場需要。

蔡汪浩：市場研究十分重要。我認為資金有限的人可以從報章、雜誌、政府資料，甚至商會年報取得消息，再加上個人的觀察與分析作為研究資料。

2. 資金不足，怎麼辦？

蔡汪浩：這是很普遍的問題。如果你有該行業的工作技能，可以撰寫建議書找人合股投資，你的資金不用多，因為你的技術已是資金投資的一部分。香港有些人有資金，但他們不知道做什麼生意，或者找不到人合作，如果你有專業的技術，不妨嘗試表現自己。

許偉剛：我會建議 "Think big, start small" 。以我們的公司為例，一開始已經叫做irasia，目標是亞洲區。但做亞洲區生意，要請好幾百人，這盤數根本划不來。那就由小規模開始，着重節約成本，每日的營運成本愈少，公司可以捱的時間就愈長，以後再利用賺到的錢投資。

3. 怎樣寫建議書？

蔡汪浩：如果我閱讀一份建議書，會着重考慮這個行業有沒有前景。你的建議書要讓我知道，你有什麼「絕招」和特色能夠打入市場，與同行爭奪市場佔有率，或者有什麼突破令顧客揚棄別家而只光顧你？另外，亦要提到這個行業的潛力、持久性與前景；行業投資的資金與回報怎樣？最後，就是你的管理班子——你將怎樣發展事業與管理、有什麼策略等。

4. 新行業新產品如何定價？

許偉剛：這是我們初時遇到的問題，因為我們是第一間這樣的公司。基本上，你的生意要經營下去，就必須可以賺錢。所以，首先你要計算成本、需要資金，然後計算生產量，要多少交易才達收支平衡？計算好之後，參考性質相似的行業加上邊際利潤（profit margin）。當然實際運作之後會出現預計不到的成本，這個過程就要反複進行。

5. 怎樣預防後來者抄襲？

林俊武：我本身亦有類似經歷。我們有很多策略，亦留有很多後路。縱使你有一百個新點子，也不可一次過「傾巢而出」，屆時如果別人照你的意念十足抄襲，就無路可走了。

許偉剛：最重要的不是防止抄襲，而是你永遠都要領導行業。根據你已經在做的產品和服務去創新發明，讓別人永遠都不可以爬你頭。

希望上述三位創業過來人的分享能給予各位一點啓示和鼓勵。其實每個人都可以在不同階段創業，我們需要的，是足夠的自信，不斷去嘗試，不斷學習。

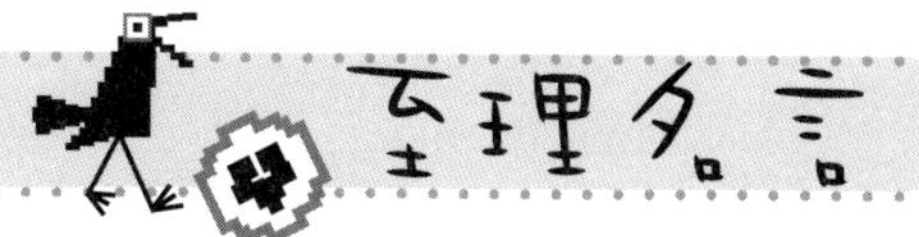

陳永陸 **股市評論員**

創業最緊要是知道自己的實力，是靠本事，不是靠本錢，要用腦去達致成功。創業的條件除了廣結人緣，還要有閱歷，建立可信的形象。我深信，真誠待人很重要。

陳丹蕾 **駿陸控股有限公司主席（前香港乒乓球隊代表）**

創業初期最大的困難是一切皆從頭學起，需要更多時間、更虛心去追趕其他人。創業也需要一些犧牲，為了在忙碌中爭取與家人相聚，我就放棄了不少睡眠時間。還幸有家人的支持，我才可以專注於工作。

Level 5

錢都花了在哪裏？——每日記賬

錢，明明是自己用的，

又怎會不知道花了在哪裏？

事實卻正好相反，

我們對自己的開支往往都是糊裏糊塗。

對於大部分年輕人而言，創業或就業有點遙遠，那我們就將焦點收近一點，放眼目前好了。計劃未來之前也應該管理好現在，理財實在是由生活開始，你有沒有管理過你的零用錢呢？是不是「左手來右手去」？有沒有問過自己：「零用錢究竟花在哪裏？」

花錢記憶大考查

等到銀根短缺時，相信許多人都會有這個疑問。你也可能會反問——錢，明明是自己用的，又怎會不知道花了在哪裏？事實卻正好相反，我們對自己的開支往往都是糊裏糊塗——或許你會記得上星期購物消費的金額，但上星期的午膳費用、車費等經常性開支的總數，你仍能清楚記起嗎？再遠一些，你可以追溯過去一個月所有零用錢的去處嗎？以下的小練習，能測試你對自己的開支究竟掌握有多少。

考查一

請清楚列出今天的開支：

日期 ______ 年 ______ 月 ______ 日

開支項目	金額

總開支

考查二

又試試清楚列出上星期的所有開支：

日期 ______ 年 ______ 月 ______ 日 至 ______ 月 ______ 日

開支項目	一	二	三	四	五	六	日

總開支

考查三

進一步向難度挑戰，你可以列出上個月的主要開支嗎？

日期 ______ 年 ______ 月 ______ 日 至 ______ 月 ______ 日

週次／開支項目	一	二	三	四	五	六	日
第一週							
第二週							
第三週							
第四週							
第五週							

總開支

大部分人面對第一、二條問題時，還可以勉強應付，但要清楚列出上月的開支時，就真的會把許多人難倒。你又可能會抗議——我們記憶有限，要處理的事情太多，腦袋哪有空間儲存這些「雞毛蒜皮」的賬目？然而，要知道這些「雞毛蒜皮」加起來，就是你的總支出啊！所以，你必須清楚掌握個人的消費習慣，知道零用錢的去處，就可以更有節制、有計劃地運用策略去處理有限的金錢。

大雄媽媽的家計簿

在日本漫畫《多啦A夢》中，大雄媽媽常常坐在客廳的小茶几前，拿着筆、按着計算機唉聲歎氣，放在她面前的，就是一本家計簿（House-keeping Book）。大雄媽媽每月都要小心謹慎地擔當家裏的財政司，安排各樣開支，量入為出，遇到入不敷支的難關時，就得想辦法，有時候甚至要減少大雄的零用錢、削減多啦A夢的豆沙包呢！

為什麼大雄媽媽能預先知道家中快要出現赤字？她又如何靈活調配餘下的金錢？當然就要歸功於那本小小的家計簿！如果你希望能像大雄媽媽那樣妥善理財，填寫家計簿是最好的方法。不要輕看小小的一本簿，它的用處可多着哩！

1. 落實收支預算

家計簿能幫助我們切實遵守收支預算內的每項細則，當我們消費時，很少會想到要把這項開支歸類，自己也記不清到底總共花過幾多錢；但當我們要填家計簿時，就要把開支「各從其類」，萬一哪一項多用了錢也能及早察覺，方便調整餘下日子的消費態度。例如我們規定每月花在娛樂方面的開支不可超過五百元，若一開始就買了一場四百元的演唱會門券，餘下的日子就要忍手，只限一百元讓你繼續使用。

2. 水落石出

家計簿內賬目分明，所有花在交通、膳食、娛樂、手提電話的開支，甚至即興購物、過度消費等，都一目了然。是的，這樣做是有點殘酷，因為你再沒有藉口說自己不知道零用錢花到哪裏去了！然而，這的確是計算每月開支最直接有效的方法。翻閱賬簿的時候，你難免會對某些消費項目感到陌生，或者發現某些支出是不必要甚至是可以避免的，就算為此而感到懊悔也不要緊，正好提醒自己下個月要堅守收支預算啊！

3. 量入為出，靈活調動

家計簿記錄了日常生活每項開支，讓你清楚自己目前的經濟狀況，幫助你靈活調動餘下的金錢。假如你在「雜誌」方面的消費已超過預算，那麼你就要減少其他方面的開支作平衡。家計簿能為你預報可能發生的赤字，從而採取一些應變措施，避免欠債。

4. 理解消費習慣

像日記一樣，我們可以從家計簿加深對自己的認識。有時候我們對自己購物消費的習慣並不了解，藉着家計簿的記錄，就能掌握得更好。説不定你會發現自己花在衣飾上的金額，竟佔了總支出的絕大比例；每逢週末與朋友逛街，就會買了許多無謂的東西，使支出倍增……這些事情都是從前沒有注意過的。知道哪裏花錢最多，就從那裏入手節省開支吧！

5. 修訂預算的重要資料

收支預算需要按實際情況不時修訂，而家計簿就能提供修訂時必需的重要資料。有時候當你訂定收支預算表時，對物價、個人消費習慣等，可能未有十足把握，訂出來的收支預算表可能會難以實行。故此，你可以定期參考家計簿中各類開支的比例、個人在各項目上的消費習慣，按時修訂，更貼近現實。

家計簿 DIY

家計簿其實就是日常開支的日記，大雄媽媽的家計簿就鉅細無遺地記錄了家庭的各類開支，例如：水費、電費、煤氣費、膳食、交通、醫療、租金、保險；她細心填寫，再按按計算機，每天如是。

各位讀者年紀尚輕，要大家像大雄媽媽那般處理整個家庭的各類開支就未免太吃力了。然而，為自己的財政負責相信仍是可以的，所以你需要的「家計簿」可以簡化一點，最重要是貼近你自己的生活模式。你不妨參考以下格式，設計一本屬於你的「家計簿」。

理財家計簿——
自己做財政司
house-keeping book
我是見習財政司：

本月財政預算案

JAN FEB MAR APR MAY JUN JUL AUG SEP OCT NOV DEC

本月收入

項目	金額
零用錢	
上月累積自由消費金額	
特別收入（如利是錢、獎學金、兼職）	
❶總收入	

固定支出

項目	金額
膳食	
交通	
通訊／網絡	
學費／班會費	
課外活動	
書簿／文具／材料費	
慈善捐獻	
❷合計	

tips

發揮100%效用

收入中有一項「上累積自由消費額」，即是說上個節省一些，以後的算就鬆動一些。節的原則為事事發揮大的效用，盡用其能，不多買、不費，愛惜地使用，它的壽命長一些。

非經常性的必要支出（如考試費、報名費）

項目	金額
❸合計	

本月儲蓄目標❹

（每個月有固定金額，為目標而努力！）

本月自由消費金額

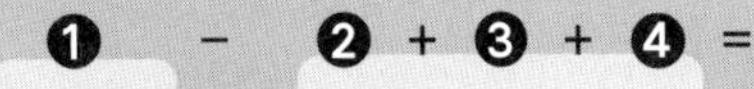

❶ － ❷ ＋ ❸ ＋ ❹ ＝

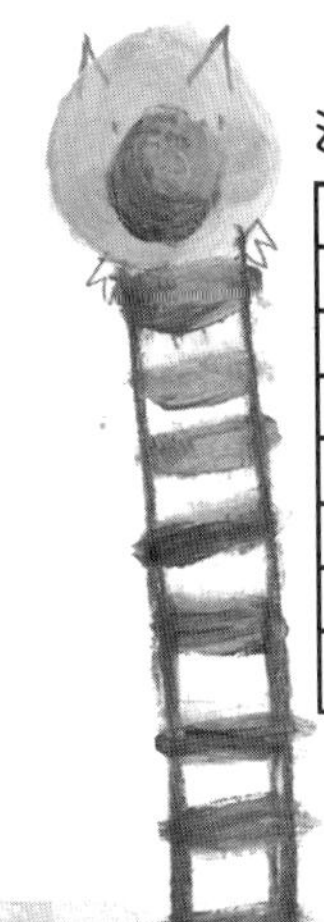

消費預算 (不能超過自由消費金額)

項目	金額
課外書／雜誌／報章	
文化節目	
服飾	
禮物	
社交／娛樂／運動	
其他	
合計	

自己做財政司第1週

支出記錄	Mon	Tue	Wed
膳食			
交通			
通訊／網絡			
學費／班會費			
課外活動			
書簿／文具／材料費			
課外書／雜誌／報章			
文化節目			
服飾			
禮物			
社交／娛樂／運動			
其他			
每日支出			

財政司錦囊

1. 訂立目標

無論是短、中、長期的計劃，都要清晰、實在。

Thu	Fri	Sat	Sun	每項小計

每星期總支出

tips 驚人數字

有空的時候，打開衣櫃逐件算一算價錢約數，不計曾經丟棄過的，你總共花了多少錢買衣服？常常記住這個驚人數字，下次買衣服前可作儆醒。

自己做財政司第2週

支出記錄	Mon	Tue	Wed
膳食			
交通			
通訊／網絡			
學費／班會費			
課外活動			
書簿／文具／材料費			
課外書／雜誌／報章			
文化節目			
服飾			
禮物			
社交／娛樂／運動			
其他			
每日支出			

2. 清楚記錄

填寫收支預算表時，大小支出都要記錄，不可嫌煩，否則你的收支預算表就不能充分反映現實情況。

Thu	Fri	Sat	Sun	每項小計

每星期總支出

tips 愈分享愈快樂

捐獻的精神在於分享，使人感覺富有，與別人一同快樂。要認識你捐獻的對象，了解機構的背景，也要留意社會的需要。譬如你可知道突破機構是服務青少年的非牟利組織？想知道更多？請瀏覽——http://www.breakthrough.org.hk 。

自己做財政司第3週

支出記錄	Mon	Tue	Wed
膳食			
交通			
通訊／網絡			
學費／班會費			
課外活動			
書簿／文具／材料費			
課外書／雜誌／報章			
文化節目			
服飾			
禮物			
社交／娛樂／運動			
其他			
每日支出			

3. 切實遵守

訂立預算案後，就需要努力堅守，不可輕言放棄或增多減少，一切調節須留待下一個月進行，否則就會失去做預算的意義。

Thu	Fri	Sat	Sun	每項小計

每星期總支出

tips 老闆唔易做

學習理財踏入第三週，想做老闆的朋友，努力啊！如果連記賬都嫌煩，你大可打消創業的念頭了。

自己做財政司第4週

支出記錄	Mon	Tue	Wed
膳食			
交通			
通訊／網絡			
學費／班會費			
課外活動			
書簿／文具／材料費			
課外書／雜誌／報章			
文化節目			
服飾			
禮物			
社交／娛樂／運動			
其他			
每日支出			

財政司錦囊

4. 不時檢討

實行預算案的一個月後，就可以進行檢討，跟着進行調節，就最合符現實需要。

Thu	Fri	Sat	Sun	每項小計

每星期總支出

tips 購物狂

有些以消費為樂的人過分狂熱，這批購物狂當中可能已有人屬於強迫性消費行為，即是不能自控地購物，需要接受心理治療。你身邊若有這類朋友，多點關心他們吧；若你自己有這種傾向，請尋找輔導（見頁 147）。

自己做財政司第5週

支出記錄	Mon	Tue	Wed
膳食			
交通			
通訊／網絡			
學費／班會費			
課外活動			
書簿／文具／材料費			
課外書／雜誌／報章			
文化節目			
服飾			
禮物			
社交／娛樂／運動			
其他			
每日支出			

財政司錦囊

5. 量力而為

訂立預算時需要量力而為，支出不能訂得太少，同時收入也不可訂得太多，總之一切都要實際。

Thu	Fri	Sat	Sun	每項小計

每星期總支出

tips 投資你的時間（就是金錢）

市面上很多理財書籍、節目教人投資股票，但當中的專用名詞十分難懂。説到底，買股票等於做小股東，企業上市集資為作更大發展，將來業績理想才有錢分給股東。就業其實是更大的投資，你把時間(就是金錢）投放在事業上，也得先謹慎評估前景啊！

本月實際支出總結

本月實際總支出

— 本月消費預算

＝ 本月結餘

正／負

tips 家計簿潮流

家計簿的概念在日本十分盛行，是年輕人的潮流玩意，長大後亦繼續以此為持家之道。如果你也覺得理財並不如想像中複雜，不妨向你的朋友推薦，一起做個醒目的見習財政司。

我的感想：

注意事項

在填寫時，大家要留心幾個總和，包括：每日支出、每項小計和每星期總支出。

1. **每日支出**——必須記錄當日所有開支，如實入賬，方能總結出最準確的總開支。如真的遇到未能分類的賬目，就歸入「其他」一欄，但這欄絕不能濫用，否則就削弱了家計簿「追蹤」零用錢的功能。

2. **每項小計**——各項目在該星期的開支總和。將某項目連續四星期的小計加在一起，就可以計算到該項目佔你總支出的百分比，讓你明白自己的消費習慣，收緊預算時亦會有明確目標。同時亦可令你消費時「心中有數」，知道備用額尚餘多少，控制消費。

3. **每星期總支出**——每星期內所有開支的總和。第一個星期的支出，應不超過預算總支出的四分之一，累積兩個星期的支出，不應超過預算總支出的一半，如此類推。每星期必須認真檢視，否則在第三個星期才發現花光了所有錢就太遲了！

使用守則

大家若有寫日記的習慣，便能體會箇中快樂，亦明白建立寫日記習慣的艱辛也是值得的。每天記賬、填寫家計簿的態度，其實與寫日記十分相似：

1. **持之以恆**——要每天寫日記才會看見自己的成長和改變，同樣，要每天記賬才可以認識個人消費習慣，所以，必須持之以恆。

2. **誠實無偽**——若連寫日記都要講謊話，不如不寫好了；同樣，為要得到最準確的紀錄，無論你買了什麼、超出預算多少，都要誠實無偽的一一記下，這樣家計簿才會發揮最大效用。

3. **不時檢討**——寫日記和記賬，是希望自己能有所改進，所以緊記到了月底，就該是檢討的時候。將實際支出總數減去預算支出，若出現盈餘——恭喜你，實際支出比預期少，你可因應需要調整下個月的支出預算，並將儲蓄預算提高，準備向難度挑戰！

若是「拉平」得個零？那就更要恭喜你，你不但把支出控制在預算之內，還做得十分精準，持家與預算能力同樣超卓。

若出現赤字又怎辦？馬上找出失去預算的項目，檢討超支的原因，尋找補救方法（如從其他項目拉上補下）。下個月做預算時，對赤字特別嚴重的項目要加倍留意，平日也要提醒自己在該項目的消費上要更謹慎。

哈佛生的記賬習慣

千萬別以為只有家庭主婦才會為記賬這等「小事」費神，筆者在加拿大讀書時，曾和朋友一同旅行，同行有一位就讀哈佛大學的朋友，在回程的飛機上，他拿着一本小簿密密的寫，好奇一問，方知原來他在記賬呢！這位家境富裕的朋友說他要趁着還有記憶的時候，就把旅程中各項開支記下，好作紀錄。他左手執單據，右手勤力記賬的情境，令我留下深刻印象；希望各位都能像我這位朋友一樣，及早養成這個良好習慣。

- 從前的人提款，一定要到銀行辦理，每人都習慣靠「紅簿仔」——銀行存摺——記錄每次賬目往還。然而，隨着提款卡大行其道，大多數人已沒有定期打簿的習慣，往往對戶口餘額一無所知。提議大家每次提款把所有收據保存妥當，並且在背面記下消費項目，你就可以較清楚知道自己的戶口結餘，消費購物亦會謹慎得多！

（更多儲蓄錦囊在 Level 6）

- 除了提款卡外，信用卡亦是付款的大趨勢。收到月結單後，你會不會對某些交易感到陌生？另外，你知不知道有時候信用卡月結單上的賬目也會有出錯的可能？所以，建議大家每次簽賬購物後，都把收據留下，並與月結單相對照，確保所有交易準確無誤。

（更多信用卡錦囊在 Level 8）

我們是自己的財政司，不像守財奴光儲錢不花錢，所以除了擬定收支預算表外，更要為自己訂立短、中、長線的目標，短期目標可能是希望在一年內達成，譬如準備在書展買很多參考書或報名學柔道 ；中、長期目標分別是一至兩年及兩年以上，可以是旅遊或留學。

大家可能有很多目標，並不一定能一次過達成，故此我們要分類及排列主次，將它分為是「必要」抑或只是「想要」，再決定哪一個目標應該優先考慮。

我們不會漫無目的地積累財富，當我們有了清晰的目標，理財就更有方向、更有動力！

你的短、中、長期計劃

	目標	實行方法
短期計劃 (一年內)	(例：在書展買書、學柔道、演唱會門票)	(例：每日儲蓄)
中期計劃 (一年至兩年)	(例：英國暑期遊學、參加助養計劃)	(例：兼職補習)
長期計劃 (兩年以上)	(例：遠赴英國劍橋大學修讀法律課程)	(例：儲蓄投資)

1. **訂立目標**

   無論是短、中、長期的計劃，都要清晰、實在。

2. **清楚記錄**

   填寫收支預算表時，大小支出都要記錄，不可嫌煩，否則你的收支預算表就不能充分反映現實情況。

3. **切實遵守**

   訂立預算案後，就需要努力堅守，不可輕言放棄或增多減少，一切調節須留待下一個月進行，否則就會失去做預算的意義。

4. **不時檢討**

   實行預算案的一個月後，就可以進行檢討，跟着進行調節，就最合符現實需要。

5. **量力而為**

   訂立預算時要量力而為，支出不能訂得太少，同時收入也不可訂得太多，總之一切都要實際。

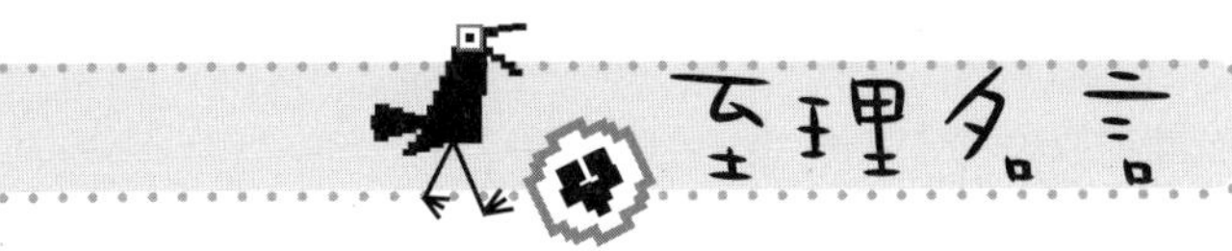

車淑梅 **電台節目主持**

有些人來到這個世界匆匆就走，白白過去了，這是最失敗的人生。所以我教育我的子女不要讓生命白過，一定要做些有意義的事去幫人、影響人。現在他們透過世界宣明會助養了兩個泰國女孩，每月捐助四百元。這些錢不應花在追求名牌，反而要令自己成為名牌，人生才更有價值。

陳欽杰 **慕詩集團主席（時裝業）**

《聖經》說：「不要為明天憂慮，因為明天自有明天的憂慮，一天的難處一天當就夠了。」1997年金融風暴，人人都擔憂，但我們逆市經營，擴充分店網絡，反而佔得良機。每個投資者都要視乎個人的實力去決定投資的多寡及進取程度，然而成功也得憑信心。

中國銀行(香港)有限公司
BANK OF CHINA (HONG KONG) LIMITED
AW546189
港幣壹佰圓
ONE HUNDRED
HONG KONG DOLLARS
100

Level 6

建立你的財政儲備

每個人也要為自己的財務負責，

這是學習獨立的第一步，你會願意嘗試嗎？

雖然尚未晉級成為受薪一族，你還是有不少機會爭取收入，除了每日的零用錢，不要忘記每年還有一份非經常性收入，惟年輕人獨有！猜對了嗎？就是——農曆新年所收的紅封包！你甚至可以兼職賺些血汗錢，無論數目多少，都可以成為儲蓄的本金，雖然現在看來好似只是那麼微不足道的一點點，但有很多例子證明，就憑這些早年的積蓄，你也可以達成或遠或近的願望。

紅封包惟你獨有

你每年紅封包的收入可觀嗎？你會記得過往五年的紅封包收入的去處嗎？買回來的東西是耐用品嗎？當中有幾多仍然「健全」？你覺得你有善用這筆金錢嗎？

每逢新年阿俊都會儲起七成紅封包的利是錢，餘下三成則用作買禮物及捐獻，一年復一年，利是錢放在定期儲蓄戶口，五年後，在1984年3月，他與媽媽一起買股票，兩人分別投資約五萬元，共十萬元買入滙豐的股票，當時市價是 $ 8.5 一股，經過二十年派息及股票分拆，以 2004 年 11 月的價位 $ 132.50 計算，這筆錢已升至五百多萬，足足漲了超過五十倍，若以平均數計算，每年升幅約 267%！阿俊深明複式效應的道理，故在理財方面都是採取七三分賬的方法，而且事實證明非常奏效，這種模式已變成他的習慣。

這就是複式利率效應的威力，本章稍後會詳細解釋，當然你亦要有計劃地進行，有恆心的等待，否則複式利率效應的威力便會大大減弱。別小看紅封包積少成多的威力，其實你可以藉此完成更長遠的事情，最理想的做法是：七成儲起，三成花費，其中更可以將部分金額作慈善用途，能夠貢獻社會，令人開心又滿足，例如在保良局、宣明會助養小朋友，又或者捐助你支持的非牟利機構，他們的收入往往很緊拙，少許的捐款也是很重要的支持，令他們能繼續幫助有需要的人。

儲起來的金錢，亦可用作非經常性消費用途（如購買演唱會門券及朋友的生日禮物等），我們始終不能事事向父母做「伸手黨」，每個人也要為自己的財務負責，這是學習獨立的第一步，你會願意嘗試嗎？

愉快兼職生涯

Scarlett 在加拿大留學期間，做過不少兼職賺取生活費和學費，從中亦擴闊了自己的生活圈子及更了解加拿大人的生活模式及文化，又培養了獨立、負責任的性格，累積了不少寶貴的社會經驗。她曾於一間日本餐館做侍應生，當時十分高興可以穿上漂亮的日本和服，最難得是親身體驗了大和民族的文化，了解他們的禮儀及學習他們的語言，當然也少不得操練英語的機會。

她亦試過因做兼職而要在一個家庭寄居，參與他們的家庭活動，如打獵、釣魚、自己做果醬、做 muffin 蛋糕及潤膚膏等，這些生活體驗都是「兼職」所賜；另外，這些兼職賺得的收入提供了本金給Scarlett作投資，她就在溫哥華買了她的第一幢樓房，現已出租，回報亦不俗。

以上例子正是筆者的親身經驗！惟年輕人選擇兼職時須循正途及以不影響學業為前提，可選擇做暑期工——既可幫補來年學費，又不用耽誤學業；否則，就只是本末倒置，失去了做兼職的原意了。選擇兼職時，要多聽師長、家人、朋友的意見，避免一個人做所有決定。

儲蓄真智慧

「積穀防饑」是中國人的傳統智慧，你有儲蓄的習慣嗎？還是認為父母有義務照顧你所需，不用為自己的未來籌算？雖然儲蓄的道理看來簡單，但是許多人其實仍然搞不清楚。

筆者在加拿大有一位朋友，課餘在快餐店兼職，當他在十六歲取得駕駛執照後，父母表示可借家裏的車子給他駕駛，條件是他須於每次歸還前把車子的油缸注滿。初時我認為他爸爸不近人情，但長大後明白到，他們並不是斤斤計較，而是要兒子為自己的行為負責。而儲蓄可讓我們培養責任感，以下是一些儲蓄帶來的好處：

1. 財務自由

如果你有任何短、中、長期的目標，都應靠自己努力儲蓄去達成。而當你尚未有工作能力時，儲蓄就是你獲得「財務自由」的惟一方法。

2. 學習獨立

零用錢扣除交通費及膳食費後，可能所餘無幾；若同學生日要買生日禮物，怎辦？母親節、父親節時，難道要向雙親討錢買禮物去聊表心意嗎？一些可預計的支出，可藉儲蓄來解決，不但省卻麻煩，更可學習獨立。

3. 一時之急

天有不測之風雲，人有霎時之禍福，不少意外都關乎金錢，例如：手提電話失竊、電腦失靈等。我們若希望減少父母的負擔，就要試着為自己建立一個「應急基金」，以應不時之需。

4. 投資保值

若你希望一嘗投資的滋味，就要在日常開支、應急之外，儲蓄更多金錢，作為你投資的本金。所以，儲蓄亦是投資的第一步。當然你亦可將儲蓄與投資合併起來，市面上亦有一些涉及金額較小的投資計劃可供考慮。

通脹與通縮

我們為什麼要作投資理財呢？其實投資有風險，不如不投資更安全吧？在現實生活中，我們要面對通脹和通縮的問題，通脹時物品價格則會上漲，假設我們沒有將本金增值的話，你的購買力會逐漸下降，錢變得「唔值錢」，故我們要投資，務求能為本金增值以應付未來的開支。

舉一個例子，如果通脹率是5%，今天一個價值一萬元的電腦，一年後的價值便會上漲。故此，一年後你要再加五百元才能購入同一部電腦。

$\$10,000 \times (1 + 5\%)^{1} = \$10,500$

公式：現值 $\times$ $(1 + \text{利率})^{\text{年期}}$ = 未來值

早與遲的天淵之別

作為一個年輕人，你的投資金額可能不大，但勝在夠年輕、有時間，加上努力發掘有潛質的投資工具，累積總金額亦可以很可觀哩！「愈早開始愈好」的投資概念，可以令你掌握未來，參考以下個案，你希望自己是亞Sa還是亞嬌呢？

	亞Sa	亞嬌
年齡	十八歲	十八歲
每月投資金額	一千元	一千元
每年回報率	13%	13%
投資年期	**現在開始**儲蓄大計，利用複式利率計算，**供款六年**	**遲六年開始**，一直沒有斷供，**直至五十歲**
本金 ↓ **累積金額** **（五十歲時計算）**	本金是七萬二千元 ↓ **獲得三百零六萬！**	本金是三十二萬四千元 ↓ **獲得二百七十二萬！**

年齡	亞Sa供款六年	亞Sa的累積增長	亞嬌延遲六年供款	亞嬌的累積增長
18	12,000	13,560.00	0	-
19	12,000	28,882.80	0	-
20	12,000	46,197.56	0	-
21	12,000	65,763.25	0	-
22	12,000	87,872.47	0	-
23	12,000	112,855.89	0	-
24	0	127,527.16	12,000	13,560.00
25	0	144,105.69	12,000	28,882.80
26	0	162,839.43	12,000	46,197.56
27	0	184,008.55	12,000	65,763.25
28	0	207,929.66	12,000	87,872.47
29	0	234,960.52	12,000	112,855.89
30	0	265,505.39	12,000	141,087.16
:	0			
40	0	901,275.93	12,000	728,701.66
:	0			
50	0	3,059,441.87	12,000	2,723,398.68
	本金 $ 72,000		本金 $ 324,000	

以上的計算指出，亞Sa的本金為七萬二千元，而亞嬌則要付出約三十二萬四千元，假設兩者的回報為13%，五十歲時兩位分別得到三百多萬和二百七十多萬，回報相差不遠；但本金的投資相差超過四倍半，證明投資實在「事不宜遲」！

鄺民彬 凱基證券董事

儲蓄是好習慣，但不是最安全的投資。因為通脹會蠶食儲蓄本身的價值，最適當的做法是將儲蓄用作投資，尋求最高回報及適合自己的投資組合。大部分投資者在升市時賺不盡，但跌市則輸到盡，都是因為一個「貪」字……好勝不知輸是一般投資者的通病。

王敏剛 剛毅集團董事長（旅遊及文化工業）

投資理財要遵守量入為出的方針，要有「義、信、利」，首先要有意義，跟着是信用，最後才是利潤，但不必是暴利。中國有五千年的歷史，這些寶貴資產也可以增值，我們開發旅遊、民族工藝，透過文化旅遊達致宏揚文化的目標。

曾蔭權 **香港特別行政區行政長官（前財政司司長）**

「香港政府不是窮光蛋，我們的財政儲備超過四千億，這些錢不是揮一揮神仙棒就可以變出來，是經過許多年，是普羅大眾很辛苦用血汗賺取回來的，所以我們使用要特別小心。」

19/1/2001「財政預算案網頁啟用儀式」講辭

中国銀行(香港)有限公司
BANK OF CHINA
AW546189
港幣壹佰圓
ONE HUNDRED
HONG KONG DOLLARS
100

Level 7

關於消費的迷思

但享樂的背後是付款，究竟你有沒有能力償還？

抑或你以為父母會自動幫你還款？

我們生活在香港這個「消費至上」的社會，購物花費有如呼吸般自然。打從有零用錢開始，你可能已為消費而煩惱不已：每月可花費多少？該花在哪些東西上？你會煩惱、謹慎，是因為你已體會到資源(包括金錢)有限，這實在是一個好開始。然而，你有沒有想過這些東西是你「需要」或只是「想要」呢？

善待自己？

近年社會掀起一股「善待自己」的風氣，我們誤以為給自己買貴重的禮物，便是獎勵自己的惟一方法。然而，你們也可以另設一套愛惜自己的方法，像我的兒子就會帶三五知己回家一起玩電腦、玩模型賽車，之後再叫一客外賣薄餅一起分享已經開心得不得了。你呢？你肯定也有能叫自己開懷的獨特方法。

善待自己是必須，但更重要的是理解自己的需要，你可曾在「逗樂自己」的大前提下，買下自己毫不需要的東西？你的收入可能是把零用錢一點點儲起來或靠補習、兼職辛辛苦苦賺回來，實在犯不着糊裏糊塗地在「善待自己」的幌子下花掉啊！

追求自信而非物質

年輕人在成長階段，可能會迷失在名牌和潮流的追逐中。了解自己、從而建立一套自己的價值觀是避免花費過度的不二法門。有時候成年人自己都成為負面教材，報章雜誌娛樂版時常用讚許的語氣報道名媛每季花費十數萬換季添新裝，甚至替全身穿戴標上價目……對此我就不以為然。要緊記——我們的穿戴要切合自己的身分，名牌衣飾不一定適合自己。當我們建立了屬於自己的品味，注意自己的修養，就自然變得更美及更有自信，這是一種由內而外散發出來的自然美。

年輕人多的是發揮自己的機會，就如代表學校參加游泳比賽，勝出當然是好，如未獲獎，既已盡力，參與才是最重要，明年再接再厲嘛，將自己的價值觀放在能力上而非物質上才是上策。

拆解消費慾望

引誘絕對會在我們四周出現，而廣告就是其中一個途徑。銀行總是趁機會推出不同主題的信用卡及多款優惠，天天提你扮靚、shopping 和吃喝玩樂。但享樂的背後是付款，究竟你有沒有能力償還？抑或你以為父母會自動幫你還款？我們絕對要分辨「需要」與「想要」，才能撥開雲霧見青天。

信用卡也是另一種誘惑，因為它提供太多的方便——先收貨後付賬，在旅行時更大派用場。但信用卡種類繁多，手續費、年費、信貸限額、利率或每日最低償還額各有不同，假若你每月都是一次付清，你並不需要付息，但在寬限期外則要繳交利息，年利率可以高達24至36%！若以信用卡提取現金，一般是沒有免息寬限期，利息會由提款當日起計算，故使用信用卡時一定要了解所有條款，不然的話，可能會令你得不償失。

（更多信用卡錦囊在 Level 8）

對「即興購物」Say " No ! "

筆者在加拿大半工讀時，曾在藥房工作，其中一項工作，是每星期替公司旗下五間藥房的貨品與競爭對手格價，從中挑出一百件最暢銷的貨品，調至比對手所定之售價再低一點，以吸引更多顧客。結果，消費者不但會購買減價貨物，就連沒有減價的貨物亦會一併購買，這就是零售行業中所謂的「即興購物」(impulse buying）或「連帶銷售」(linked sales）。

你有沒有類似經驗，進入超級市場或零售店，本來只希望買一盒飲品，誰料最後零食、飲

消費者權益和保障

我們在消費過程中若發現不公平的交易可作出申訴，大家熟悉的消費者委員會是其中一個申訴團體（http://www.consumer.org.hk）。其他投訴亦可按其分類找出有關獨立機構（例如屬於旅遊的投訴，可聯絡旅遊業議會），香港是一個法治社會，消費者有權受相關法例的保障。

品、雜誌盛滿了一袋？看見可愛、新奇的玩意，就忍不住要買回家？這種情況偶一為之是無傷大雅，但如果不斷發生，不單失去預算，更會積存一大堆沒有用的廢物。

格價前鋒

看過上述的例子，你就會知道每間商舖無疑是有減價貨品，但並非所有貨物都是「最低價」。因此，我會鼓勵各位在時間許可的情況下，尤其是購買耐用品時，不妨多比較幾間商舖的定價，確保能用最實惠的價錢購買心頭好。別再以為格價只有媽媽才會做，同一樣的東西，實在沒有理由要用較貴的價錢購買啊。

重拾失傳講價技巧

印象中，媽媽們除了格價了得外，更是「講價能手」，可惜，這個本領在年輕一代之間好像失傳了。原因之一是不二價連鎖店的盛行，使新一代消費者已習慣「貨真價實」的消費模式。但在此寄語各位，若出外旅行購買紀念品或光顧小商店，不妨議價，最重要是別令對方知道你很想買——要冷靜，要抱着隨時放棄的態度，最好表現出滿不在乎。事關旅遊區的價格真箇是「可升可跌」，不議價就會被人「開天殺價」。從另一方面看，這也可算是初級談判訓練，可別錯失這寶貴的學習機會啊！

分清想要與需要

在廣告推波助瀾下，許多「想要」都被吹噓成為「需要」，廣告商會用盡辦法（尤愛以明星作招徠）令你相信，作為一個什麼人，就必定要擁有一些什麼，因此你就會受其影響，認為沒有這件商品，就好像欠缺了一點點，最後就會乖乖的掏出錢包，成為它的顧客。

我們要獨立自主，就先要有自己的品味和主見，釐清自己的需要是什麼，就不會輕信上述銷售的手法。然而，更進一步，我們要確立的正是自己的價值觀，在必需的東西上，我們究竟要多講究呢？例如上學要穿皮鞋，這是「必須」；但買上千元的名牌皮鞋，就是「非必要」；因為這已是到了講究的層次，並不合符一般學生的負擔能力和應用場合。

忍耐到減價季節

當你碰見喜歡的東西，會不會想立即買下？不錯，即時擁有的感覺是很誘人，但以折扣價買下的快感其實會更強烈。前者是追求「即時滿足」，後者則是「延遲滿足」；分別在於一個字──「等」。

愛逛街的人其實不難發現，各大商場、商舖都會季節性的推出折扣優惠，只要你有耐性、有冒險精神（因為有時會有斷碼情況出現），就不難等到七折甚至半價的大折扣。耐心等候多一會，就能省下一筆可觀的金錢，何樂而不為？在香港，春夏、秋冬之間、每逢節日亦會有減價酬賓，某些百貨公司每月都會有一至兩次的大型減價活動。其實只要多留意、多忍手，就必定可以替自己省回不少金錢！

特賣場和二手店

若你相信名牌貨品的質素較好，則可以考慮到這些品牌的特賣場購買。但要注意，這些特賣場售賣的貨品，偶爾會有一點瑕疵，又或者是上一季的款式，但只要品質良好，能以較低價錢購入，總算合符經濟原則。

另外，二手店也是一個可以省錢的地方，除大家熟悉的二手服裝外，其實許多貨品都有二手市場，例如汽車、教科書、漫畫、攝影器材等，不但環保，亦可省錢，一舉兩得。但要注意，有時候你喜歡的東西，可能也是別人的至愛，沒有賣家，就自然無法惠及你這個「準買家」了！

捐獻及回饋

在談論消費的章節中，我們很容易將消費等同購物，原來卻不盡然。消費是指使用金錢，而金錢捐獻也可算是消費的一種，所以在擬定「收支預算表」時，也應該將這一項納入其中，好作預算。

捐獻其實是對自己的一種提醒，讓自己「身在福中要知福」，提醒自己仍有做善事的能力。有時候，捐贈的方式不一定是金錢，也可以是實際的協助，幫忙賣旗就是一例。

在這回饋的過程中，你別以為得益的只是被服務的受眾，最大的「受益人」可能是你自己！在參與義工的過程中，你會學習到如何組織、領導及人際相處的技巧，亦會擴闊生活圈子和視野。

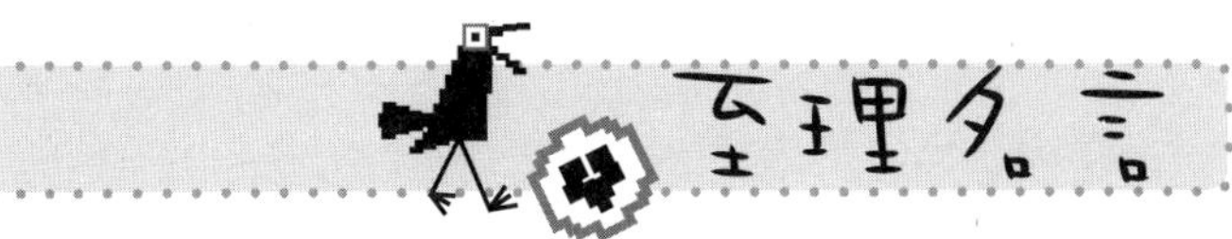

李華明 **立法會議員**

消費於整個經濟增長佔很重要位置，若消費者權益和貨品品質受保障，會增強購買信心，從而刺激消費意欲，最終整體消費會上升。但作為消費者，也要理智消費，購物前應格價，爭取最合理消費價值。

任達華 **著名演員、業餘攝影師**

生活最重要是知足常樂，消費最重要是適合自己。生活裏有很多種投資，如果我遇到很好的劇本，我情願只收取一半片酬，也要把握難得的機會。

《波斯古諺》

「我埋怨自己沒有鞋子，直到有一天看見別人沒有腳。」

中国銀行(香港)有限公司
AW546189
港幣壹佰圓
ONE HUNDRED
HONG KONG DOLLARS
100

Level 8

小小神奇信用卡

簽賬容易付款難。

一旦開始用卡等於是開展了與銀行的關係，

也開始累積個人信用。

莉莉年約二十，月薪約七千多元，高峯期擁有八張信用卡。她是過分「樂天派」，消費模式真是令人不敢恭維。某日一位不太親密的朋友生日，她便到金舖刷卡買了價值千多元的金飾作禮物，壓根兒沒有想過怎樣去償還。

結果，她欠下銀行連本帶利共八十多萬元債項，曾接過「追數公司」的追債電話，甚至遭到各種滋擾。最後，她的家人只有向親戚朋友借錢，事情最終才能告一段落。假若莉莉不檢討她刷卡的問題，類似情況一定會再出現。

你身邊朋友有沒有類似經歷？筆者於2002年有幸獲廉政公署邀請，透過其網頁「另有 Teen 地——徵橋區」與年輕人暢談理財之道，發現有部分年輕人雖仍未開始賺錢，但已擁有自己的信用卡，出現「先使未來錢」的情況，更甚者則因支出失控而走上負債之路……這張神奇卡的威力不可謂不驚人。

美國人出名喜歡「先使未來錢」，但香港年輕人究竟有沒有這個壞習慣呢？2006年中，香港大學社會科學研究中心受EPS（易辦事）委託，進行青少年在暑假的消費調查。在約1200名14至25歲的青少年當中，有70%承認自己在過去12個月曾收支不平衡，61.5%會以儲蓄填補超支，40.7%會向親友借貸解決問題，甚至有人以信用卡透支（2.8%）及向財務公司貸款（0.3%）；他們亦缺乏理財概念，近半數人在過去一年內從沒統計每月支出。

欠卡數可以導致很嚴重的後果，2002年全港約有1100人自殺死亡，其中四分一涉及債務問題。香港大學賽馬會防止自殺研究中心進行的研究發現，在欠債有關的自殺死亡個案中，高達67%的自殺者是與信用卡借貸及賭博行為有關；而持卡人欠下債項的信用卡數目愈多，自殺傾向愈大。

（詳見 http://csrp1.hku.hk/rich/index.htm）

信用卡「兩面睇」

理財失當影響深遠，甚至家人及親戚都受牽連。究竟使用信用卡有什麼竅門？怎樣才能避免過度簽賬而債台高築？在這章節中，我會與各位逐一討論。另外，信用卡已成為我們生活不可或缺的一部分，它既是方便安全的付款方式，有時亦會為我們帶來不少麻煩。信用卡本身是一件無分好壞的付款工具，它的利與弊取決於持卡人如何使用。以下列出使用信用卡的各種好處與壞處，看你投贊成票還是反對票？

正方——信用卡幫到你？

1. 方便

身上沒有足夠現金？幸好還有一張信用卡！這種情況相信大家也經歷過。信用卡給消費者帶來的最大好處就是方便，身上缺錢時，它就能幫上忙，進行大額交易時，它又可以免除你身懷鉅款的麻煩和危險。另外，信用卡是郵購、網上購物時的必需品，是簡便快捷的付款方法。

2. 安全

金錢沒有記認，丟掉了，任何人拾到也可以使用；而信用卡就不可以了，信用卡上不但有你的名字，更有你的簽署，可以報失。商戶要核對簽名樣式才會接受付款，有時候，若發覺客人有可疑，更會致電信用卡中心作進一步查詢，盡力保障持卡人免受損失。

3. 全球通行

到外地旅遊以信用卡簽賬，能省卻兑換貨幣的麻煩；試想像你到東南亞各地遊玩，出發前兑換大量不同地方的現鈔，回程時，更會剩下大量輔幣，但又不能拿回銀行兑換，非常不便。然而，世界通行的信用卡就能為持卡人免卻這些煩惱。

4. 付款紀錄

若你使用信用卡得宜，能夠保持一個良好的還款紀錄，日後若你需要銀行進行較大額的貸款，銀行就可以根據你的良好還款紀錄，給予較寬鬆的條件，貸款的成功率亦會較高。相反，若你的還款紀錄欠佳，即代表信譽有限，銀行絕對有權不接納你的貸款申請。

5. 消費保障

現在許多信用卡都向持卡人提供購物保障，無論在海外或本地購物，若發現貨不對辦，持卡人可以向信用卡公司投訴，再由該公司向商號交涉。這也是使用現鈔付款不能享有的服務。

6. 靈活理財

信用卡的賣點就是靈活理財，這是客氣一點的說法；有些人則說信用卡是鼓吹「先使未來錢」，其實兩者的意思也是一樣——信用卡令你在沒有足夠資金時，先應一時之急，日後再慢慢攤還。若你能有智慧地使用，還清之前所有債項，信用卡確實能夠幫助你靈活調動金錢。

反方——信用卡害了你？

1. 把誘惑留在身邊

不錯，信用卡很方便，但另一方面，就正因為它實在太方便了，就會成為持卡者的一種耐力考驗——先買後付的誘惑，即使當下未有足夠的金錢，亦會使持卡者有餘地輕率消費購物。若持卡者有足夠的經濟能力，影響可能只是花費多了、儲蓄減少；然而，同樣情況若發生在未有經濟基礎或未成熟的人身上，後果就不堪設想。

2. 不是「真金白銀」的金錢

調查發現，被訪者同意用信用卡消費會加劇他們的消費意欲，令他們超出個人預算。究其原因，信用卡不像現鈔，消費者沒有付款感覺，購物時傾向不假思索。你可以感受一下自己用現金購物時，是不是會多點考慮？而用信用卡時，這種考慮就沒有那麼實在？

3. 申請容易

信用卡市場競爭激烈，為爭取顧客，無所不用其技，除了贈送禮品，有時更會以「預先批核」、「毋須提交入息證明」作招徠，以吸引一羣經濟基礎不穩固的人士申請。結果，就出現了一人擁有多張信用卡的情況，信用額總數甚至可高達數十萬，不但對持卡人造成誘惑，亦間接令「碌爆卡」的情況出現。

4. 利息高昂

信用卡的利息高昂，一般年率達24%至30%不等，當中仍未包括過期罰款及手續費；假若你沒有依期還款，「免息還款期」優惠就不適用，所有新舊卡數都會即時開始計算利息，直至所有欠款清還為止。

全面認識你的信用卡

使用信用卡都有基本的權利和義務，你對你的信用卡又認識多少？

申請信用卡時

發卡銀行／公司有很多促銷活動，提供特別優惠，如免年費、折扣、贈品等。這類優惠通常都是短期或只此一次，甚至要在發卡後某限期內簽賬滿若干金額才能享有。所以申請前還是要精打細算，不要被一時的促銷所迷惑。選擇信用卡，還是以長期利益為優先考慮，你絕對有義務細心閱讀所有細則及合約。所有信用卡申請表上均有詳載包括費用及還款約定，當你在申請表上簽名時，便表示你已經瞭解，並同意所列之權利義務。

刷卡時

簽賬容易付款難。應審慎考慮自己每筆支出的必要性，避免簽賬額或透支額過度膨脹。另外，請你記緊準時繳款，維持良好的個人信用紀錄。此外，請多與父母溝通，由他們從旁協助，輔導你建立正確的消費觀念及自主理財態度。

被商店拒收卡或要求加收手續費時

當商店成為發卡銀行／公司特約商戶時，即已承諾接受該卡，並且不應向消費者加收手續費。所以，若遇到上述情況，你有權拒絕商

1. 請妥善保存每張收據以便每月核對，可能你會發現當月的消費，不一定會出現在次月的月結賬單上，視乎特約商店清款日期而定，建議你可保留簽賬單，以便日後逐一核對。

2. 核對賬單後，你必須緊記到期繳款日，若你錯過了，便有機會被銀行／信用卡公司額外收取港幣五十至一百元不等的罰款。

3. 不同繳款方法之延誤時間亦須留意，除了自動轉賬付款，一般繳款方法如支票、繳費靈或理財機轉賬，均有時間延誤，視乎當天是否星期日或公眾假期，除此之外，有些銀行則表明如在銀行櫃位繳付現金或支票，也須另付手續費。故此，每次收取月結單時，均須看一看月結單的背頁，確定繳費手續沒變。

戶的要求，並可立即向你的發卡銀行／公司反映。

4. 賬單錯誤時

賬單若有錯誤，你絕對有權利上訴。你應立即以電話或書面通知發卡銀行／公司，註明你的姓名、賬號、錯誤的種類、日期、金額及資料證據。發卡銀行／公司方面有責任進行調查，有錯誤應更正；就算沒有錯誤，也應向你說明原因。在調查期間，你不必支付有爭議的款項。

做個守信用的持卡人

對於正在求學的你，建議每人最多擁有兩張信用卡便足夠了，主要目的是防備遇上機械故障臨時刷不過卡的情況，而其中一張的利率要偏低（15%-17% 左右），以備不時之需。不過信用額夠用就好，因為信用額高低並不等於「身分地位的象徵」。

培養正面的用卡觀念也很重要，一旦開始用卡等於是開展了與銀行的關係，也開始累積個人信用，要注意信用卡也是錢，平時要注意保管，減低遺失、失竊的風險，刷卡時也要養成「卡不離眼」的習慣，避免個人資料遭竊取而

月結單名詞

信用額：信用額是根據你所提供的財力證明再加上所得的資料予以批核。你收到信用卡的同時便會註明你的信用額，每人不盡相同，在此信用額內的正常刷卡消費都是被允許的。當然，如果你的消費異常或繳款紀錄不佳，你的信用額就可能被調降或終止，所以維持良好信貸紀錄很重要，它可以影響你與銀行往來之信用關係。

繳款日：信用卡繳款採月結方式，你通常會於每月指定日期收到賬單，你可在每月繳款截止日前選擇一次付清消費款項，或先繳付最低應繳金額，餘額再按循環信用方式延後償還，但後者牽涉利息在內。

寬限期：指持卡人的賬單結算日至繳款截止日之間的期限，通常是十六至十八天。寬限期內，不計利息。但多數銀行，只有在你前債已清的情況下，才會給你寬限期。如果你上個月還有結欠未清，則每一項新簽賬的利息，就會從你消費簽賬的那一刻開始計算。

透支：很多發卡銀行／公司對於持卡人透支現金，不但扣手續費、扣利息，而且通常沒有寬限期，所以你一收到借貸的現金，就馬上計息。有些銀行對於持卡人預借現金可能有不同的利率。

被製成偽卡。而密密麻麻記載着信用卡契約的使用說明書，一收到時不妨先瀏覽一遍，其中關於計息、違約金、失卡自負額的項目最好多加注意。

破產誤你一生

近年申請破產的人數大幅攀升，當中不乏剛畢業的大專生，這種情況除了令各界憂慮年輕人的理財觀念薄弱、收支嚴重失衡，亦擔心他們是蓄意破產、詐騙貸款。隨着本地破產人數眾多，香港破產管理署自2001年8月開始統計破產者的年紀，截至2001年11月為止，已有三千多人登記自行申請破產，當中竟然有17%是21至30歲的年輕人。而2001年全年本地共有一萬三千多人申請破產，較2000年增加近一倍半。

香港的破產人士年輕化，當中甚至有剛畢業的大學生，這兩年的官方數字顯示，每年都有超過十人尚未還清助學貸款便已破產，其實絕大部分可以追溯至他們在大學期間濫用信用卡消費，過着收支嚴重失衡的生活，最後在踏足社會不久後，便要為自己在求學期間的揮霍付出代價。

年輕人不應「跟風」胡亂申請破產，更不要視破產為解決債務的方法，因為破產對個人前途有莫大影響。申請破產的大專畢業生普遍欠債約八至十萬元，部分多至四十萬元，他們一般同時拖欠六至七張信用卡債務，每月單是還款利息就高達二萬餘元，但其收入只得一萬餘元，償還債務的能力成疑。

年輕人往往忽略申請破產的惡果，因為一般銀行、珠寶金飾店、個別公司會計部等涉及處理金錢的職位，都不會考慮聘請曾經破產者；一些專業人士如會計師、律師、房地產代理及經紀等，一旦破產，其執業牌照更會被註銷。所以，年輕人破產後可能前途盡毀，短期內亦難以再次獲得大公司聘用。因此，隨意申請破產，最後只會令自己變成失去信用的一羣。

楊思琦 2001年香港小姐冠軍、電視藝員

小時候已被父母規勸不要先使未來錢，故我明白花錢要有道理，現時年輕人「碌爆卡」的情況實在值得關注，那些「冤枉錢」花在不當的地方很不值得，消費一定要量力而為。

陳智思 立法會議員、行政會議成員

投資要分散風險，留意全球走勢。選擇基金經理為自己投資會更好，因為並不是每個人都懂得投資，他們較專業，自會遵從既定的規律，為客戶爭取理想回報。

孔子《論語》——「不義而富貴，於我如浮雲。」

中國銀行(香港)有限公司
BANK OF CHINA (HONG KONG) LIMITED
AW546189
港幣壹佰圓
ONE HUNDRED
HONG KONG DOLLARS
100

Level 9

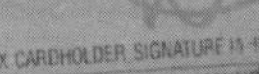

投資初體驗

了解過自己的投資性格，

考慮過風險與回報的關係後，

準備在投資世界「幹一番大業」前，

亦要注意以下的「投資參賽守則」。

財經眼看《聖經》

《聖經》馬太福音第二十五章裏有一個故事，一個人要往外國去，就叫了三個僕人來，按着各人的才幹把他的家業交給他們。那領五千元的隨即拿去做買賣，另外賺了五千。那領二千元的也照樣另賺了二千。但那領一千元的去掘開地面，把主人的銀子埋藏起來。

過了許久，主人回來了，和他們算賬。

那領五千銀子的說：「主人，你交給我五千銀子。請看，我又賺了五千。」主人也說了一番讚賞的話。

那領二千的也來，說：「主人，你交給我的二千銀子。請看，我又賺了二千。」主人說：「好，你這又良善又忠心的僕人，你在不多的事上有忠心，我要把許多事派你管理；你可以進來享受你主人的快樂。」

那領一千的也來，說：「主人，我很害怕，所以把你的一千銀子埋在地裏。請看，原本的銀子在這裏。」主人回答說：「你這又惡又懶的僕人，應當把我的銀子放給兌換銀錢的人，到我回來的時候，可以連本帶利收回。」

這個《聖經》故事的內容很豐富，若不談屬靈教訓，只用「財經眼」去理解，就會發現原來早在遠古之時，《聖經》已經記載「連本帶利收回」之道；我們活在第三個千禧年代，也是時候思想怎樣才能把財富倍增。

當你擁有一千元時，怎樣處理才是上策？相信你不會像那又惡又懶的僕人一樣，把錢埋在地裏吧！你會把錢存入銀行？定期存款？買股票？買基金？其實，當你思考怎樣處理這筆金錢時，就已經是一項投資的選擇了——因為你正在選擇一個既安全又便利的方法，叫本金生利，令財富增多。

《聖經》看金錢

- 人若賺得全世界，賠上自己的生命，有什麼益處呢？人還能拿什麼換生命呢？ 《馬太福音 16:26》
- 因為你們的財寶在那裏，你們的心也在那裏。 《路加福音 12:34》
- 不要仗勢欺人，也不要因搶奪而驕傲；若財寶加增，不要放在心上。 《詩篇 62:10》
- 他施捨錢財，賙濟貧窮；他的仁義存到永遠。他的角必被高舉，大有榮耀。 《詩篇 112:9》
- 貪財是萬惡之根。有人貪戀錢財，就被引誘離了真道，用許多愁苦把自己刺透了。 《提摩太前書 6:10》
- 因為得智慧勝過得銀子，其利益強如精金。 《箴言 3:14》

認識自己的投資取向

投資並不一定牽涉龐大金額，趁年輕時開始學習投資，可以從「小金額、小風險」中汲取經驗。投資選擇五花八門，然而，學習投資需要從認識自己開始——有人連丁點投資風險也害怕承受，亦有人敢於承擔極高的投資風險；了解自己的需要和可承受的風險程度是非常重要的。透過以下的分析，你可以判斷自己屬哪一類型投資性格。

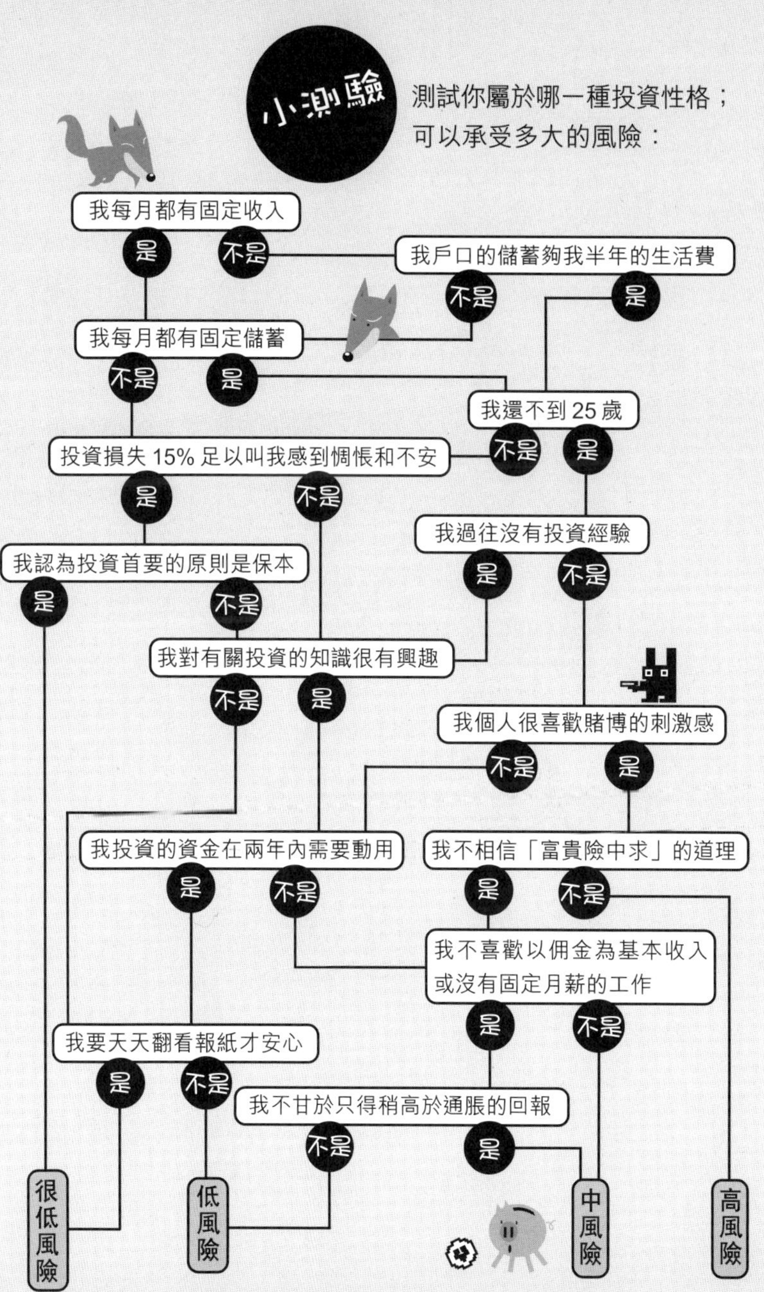
小測驗
測試你屬於哪一種投資性格；
可以承受多大的風險：
我每月都有固定收入
是
不是
我戶口的儲蓄夠我半年的生活費
不是
是
我每月都有固定儲蓄
不是
是
我還不到 25 歲
不是
是
投資損失 15% 足以叫我感到惆悵和不安
是
不是
我過往沒有投資經驗
是
不是
我認為投資首要的原則是保本
是
不是
我對有關投資的知識很有興趣
不是
是
我個人很喜歡賭博的刺激感
不是
是
我投資的資金在兩年內需要動用
是
不是
我不相信「富貴險中求」的道理
是
不是
我不喜歡以佣金為基本收入
或沒有固定月薪的工作
是
不是
我要天天翻看報紙才安心
是
不是
我不甘於只得稍高於通脹的回報
不是
是
很低風險
低風險
中風險
高風險

選擇合適投資工具

投資市場五花八門，了解自己的投資取向外，亦要了解不同的投資工具，因為不同的投資工具擁有不同的風險程度，回報亦各異，我們可以用投資金字塔來表達其風險程度。

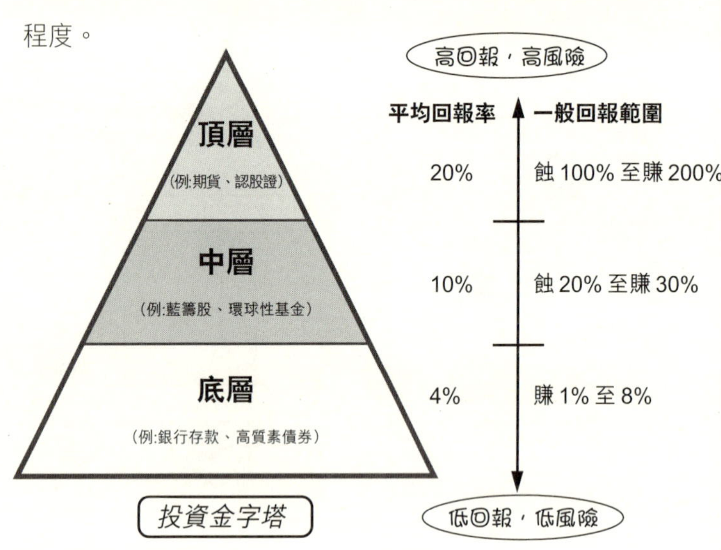

投資金字塔

投資小詞典

債券當政府或企業需要用錢，有時會向投資大眾「借」，在借款時說好償還期限和借款利息，而借款時所發給的「借據」，就叫債券。利息通常會參考發行時的銀行利率水準及表現評級，而償還期限則由一年至三十年不等。在這期間，持有人亦可以把債券轉賣給別人。

藍籌股「藍籌」一詞源自英語"blue chip"，是華爾街的一種術語。以前美國賭場所用的藍色籌碼代表最大的銀碼，人們便借此稱某些大型上市公司股分為藍籌股，意思是這些公司的股價夠高，而市值又夠大，交投活躍，買賣容易。本地藍籌股包括滙豐銀行、太古集團、中信泰富及長江實業等恆生指數成分股，這些企業市值動輒數百億或千億港幣，1%-2%的漲幅即能影響市場行情。

恆生指數根據33隻成分股（即藍籌股）市值計算，該等成分股涵蓋了香港股市市值七成以上(納入金融、公用事業、地產及工商業四大分類)，具有市場代表性。由於其涵蓋範圍大，該等成分股的升跌便對其餘股票的走勢也有極大影響，故此市場慣以恆生指數去預測整體大市的走勢。（恆生指數系列網站：http://www.hsi.com.hk）

基金是一種集合許多人的資金、委託專家代為操作的投資方式。基金公司會將這些集合得來的錢用來投資全球多種股票、債券、貨幣等，分散風險，投資賺錢之後，他們會酌收管理費用，然後將投資所賺取的利潤發還給你。

期貨金融期貨合約是一種具有法律約束力的遠期合約，合約雙方必須在一個指定的未來日期，按指定的價格買入或賣出一種特定的貨品或金融工具，顯示你對此的升值或貶值期望。期貨的特色是槓桿作用(以小見大)，投資者買賣合約時，只須付出合約總值的一小部分，便可參與整個合約的價格變動，讓最初的投資可因槓桿效應而賺取厚利。不過，同樣也可能令投資者蒙受重大損失，買賣期貨的風險可以極大，投資者在投資期貨合約之前，務須完全了解有關的風險。

認股證屬於一種衍生工具，是由股票衍生出來的投資工具。它可分為兩大類：認股證（equity warrants）及備兑認股證（covered warrants）。前者是由上市公司本身所發行，而後者則由商人銀行或大經紀行發行。

不同投資工具的風險各有高低，高風險的投資工具，並不一定會有高回報，所以大家記緊要因應自己的情況（包括年齡、個人對風險的承受力）、有餘的金額、未來計劃等，選擇最適合自己的投資工具。投資不是賭博，賭徒通常沒有考慮自己的經濟能力，做出非常危險的行為。

初嘗投資滋味，宜以小額為先，遵守「小金額、小風險、小損失」的道理。在學習投資的階段，如能做足功課則可減少虧蝕。否則，就會像我這個朋友一樣，得到莫大的教訓：

許章榮是一位「枕頭大王」——雅芳婷集團的主席，1998年在百富勤投資集團倒閉前夕，因誤信該公司會正常運作，就毅然一口氣購下十萬股股票。怎料，一覺醒來，得悉公司倒閉，一下子失去了幾千萬港元，令這枕頭大王無法安枕。雖然說是該公司管理層的誠信出了問題，但損失的卻是我的朋友許先生！

運動員參加比賽，鍛煉體魄、了解自己的強弱項後，參賽時仍要遵守大會守則；同樣，了解過自己的投資性格，考慮過風險與回報的關係後，準備在投資世界「幹一番大業」前，亦要注意以下的「投資參賽守則」，保障自己，免招損失。

1. 有餘錢，才投資

縱使某些投資工具聲稱回報率有多高，投資時絕對不能動用日常生活所需，應急基金就更是萬萬不能動用。用作投資的金錢，應該是你的餘錢（idle money）——除卻生活、應急錢之外的盈餘，這樣，即使虧蝕也不會影響日常生活。

2. 分散風險

「不要將所有雞蛋放在同一個籃子裏。」若某一種投資工具失利，仍可望有其他的投資補足。所以，投資時緊記要把資金投放在不同行業的股票及投資工具上，風險就能分散。

3. 先求知，再投資

在投資之前，我們必須「做足功課」，要清楚了解投資工具的特性、涉及風險、交易程序以及投資者享有的權益等。閱讀招股書、年報及公告，有助我們了解上市公司多方面的資料。投資者下決定前必須認真閱讀招股書，因為它載有重要資料如公司背景、風險因素、行業概覽、管理層資料、集資用途、公司未來大計與前景、新股認購時間表等。

4. 小心聆聽

切勿單靠「內幕消息」，輕易誤信「傳聞」入市。另外，投資前亦要先儘量了解有關公司的業務模式是否健全、考慮管理層的誠信及能力，當你掌握這些資訊後，才可以更有效地衡量你的投資決定。

1. 香港股市每天什麼時候開始交易？交易時間有多長？
2. 香港哪個機構負責監察證券交易？它為投資者提供什麼服務？
3. 在哪裏可以搜集上市公司的公告？
4. 有哪些機構會替債券發行機構進行信貸評級？
5. 網上交易有什麼地方要注意？

答案

1. 股市交易日是星期一至星期五，開市時間為上午十時正至中午十二時半（此前半小時是開市前時段）及下午二時半至下午四時正，公眾假期除外。
2. 證券及期貨事務監察委員會（證監會）近年大力推廣投資者教育，若需核實個別基金是否獲證監會認可或核實股票經紀牌照，可以查閱「認可投資產品註冊記錄」及「持牌人登記冊」。

   熱線電話：2840-9333　網站：http://www.hksfc.org.hk
3. 聯交所規定主板之上市公司，必須將有關公告刊載於報章及香港交易所網站（http://www.hkex.com.hk）。而創業板上市的公司，則須將公告刊載於創業板網站（http://www.hkgem.com）。
4. 穆迪投資（Moody's）及標準普爾（Standard & Poor）是為人熟

悉及廣受認同的評級機構，它們會根據發行機構的財務狀況、還款紀錄等予以評級。一般而言，信貸評級愈高，投資的風險就愈低，而投資者因而得到的利率，亦會相應較低。由於這些評級機構具有公信力，故此許多投資者作決定前，亦會以此作為參考資料，兩者的評級機制如下：

穆迪評級	標普評級	釋義
投資級別		
Aaa	AAA	最高信貸質素
Aa	AA	高信貸素質
A	A	中上信貸質素
Baa	BBB	中等信貸質素
投機級別		
Ba	BB	稍具投機性
B	B	具投機性
Caa	CCC	高度投機性
Ca	CC	極度投機性
C	D	極可能違約/ 違約

5. 網上投資 Do's & Don'ts

- 永遠只在安全及信譽良好的網站進行網上交易。
- 只開啟熟悉來源的電郵或附件，並且只從可靠的來源下載軟件。
- 提供個人資料給網站前，先查閱網站的私隱政策聲明及安全防護措施聲明。
- 提防偽冒網站，時常核對瀏覽器顯示的網站地址，或使用瀏覽器上的書簽功能登入網站。
- 登入網站時注意瀏覽器下方有沒有顯示一個細小扣鎖或鑰匙的標誌，這表示你傳送到該網站的資料會受到加密技術的保護。
- 定時更改網上密碼。
- 安裝個人防火牆軟件及防毒軟件，並定期下載軟件更新檔案。

- 除非網站是安全及信譽良好，否則切勿在網上隨便透露個人資料（如身份證號碼、地址、銀行戶口或信用卡號碼）。
- 切勿使用出生日期或電話號碼等易被猜中的個人識別密碼，也不要輕易向人（包括銀行職員及警方）透露密碼，避免把密碼寫入記事簿或電腦。
- 你的個人電腦也盡量避免讓太多人使用。
- 不需上網的時候，別忘記中斷與互聯網的連接。

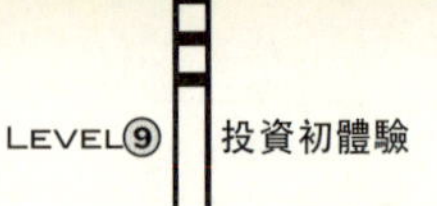

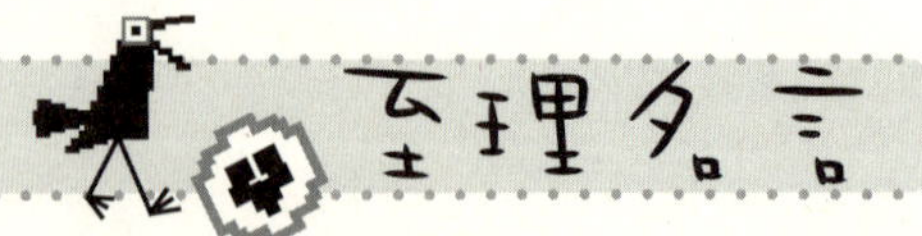

謝清海 惠理基金管理公司投資總監

我的投資之道是investing through discipline，而揀選股票的不死論是「最低價買入」，當中配合「3R」理論，每一個 R代表不同的指標，包括：Right Business（正確行業）、Right People（良好人才管理）、Right Price（適當的入市價位）。

李鵬飛 時事評論員

儘管我們不會永遠活在富裕的社會當中，我們卻可以選擇做一個富有的人。有很多的錢不值得驕傲，以有限的錢來達成遠大的理想，才是我們渴望見到的年輕人！

click! click! 相關網頁

名稱	網址 (http://)
突破機構	www.breakthrough.org.hk
勇想廿一青少年網站	www.uzone21.com
突破青少年研究資料庫	www.breakthrough.org.hk/ir/researchlog.htm
突破全人教育網	www.bt4u.com
聯合國青少年天地	cyberschoolbus.un.org
香港特區政府學生資助辦事處	www.info.gov.hk/sfaa
持續進修基金	www.info.gov.hk/sfaa/cef
香港公共圖書館	www.hkpl.gov.hk
香港教育城學生中心	www.hkedcity.net/student
(更多升學諮詢機構資料在頁 31-32)	
勞工處	www.labour.gov.hk
創業奇兵	www.shell-livewire.com.hk
創新及科技基金	www.itf.gov.hk
強制性公積金計劃管理局	www.mpfa.org.hk
消費者委員會	www.consumer.org.hk
香港廉政公署	www.icac.org.hk
香港銀行公會	www.hkab.org.hk
證券及期貨事務監察委員會(證監會)	www.sfc.hk
香港交易所	www.hkex.com.hk
The Universal Currency Converter (外幣兑換率)	www.xe.com/ucc

突破輔導中心
電話:2377 8511

結語

編後記

恭喜你讀完這本書，完成九級理財的學習階梯，雖然你只是見習財政司，眼光也要從自己身上放得更大更遠——目前全球約有63億人口，試想像整個世界縮小成只有100人的村子……然後再想想你銀行裏有一些存款；如果你沒有儲蓄，看看錢包也有錢吧；就算是今天用光了，不妨翻翻家中雜物，或許在某個角落能找得到零錢……反正，**你已是這個100人村裏，其中8個最富有的人**。因為有更多的人連這點零錢也沒有。

富有是一種相對的概念，事實上我們已經很富有，但我們活在一個消費主導的社會，無止境的物質慾望令人感到貧乏不足。從前，貨物都在貨架上，是我們進入商店購物；現在，推銷員都跑到街上，在你沒有打算購物的時候，用各種方法游說你花錢，而媒體廣告更是無處不在，隨時隨地宣傳各種消費行為。信用卡及財務公司都表示歡迎我們借貸消費，看似十分友善，但追數的時候卻不是開玩笑的，金錢只是一種暫時提供方便的工具。

每一件貨物都是從地球資源提取的，過度消費等於摧殘大自然。新一代青少年已經習慣了消費生活，甚至覺得一切都是消費，連上學也以消費者自居，認為付了學費，便完成了消費者的責任，學校就要迎合他們的需要。我們有沒有反思作為一個消費者／資源使用者的責任？我們活在地球上，有責任好好管理這個地球上的一切，2004年底南亞大海嘯的可怕場面仍歷歷在目，地球被破壞的後果大家都心中有數……**當你盡情消費時，可有想過自己能為地球作什麼？**

你自己也是地球一部分，管理的第一步就是你自己的生活。你現在學習過計劃人生、為你的目標準備、及早儲蓄、盡力在進修或工作上追求理想、量入為出控制消費、認識更多投資的方法、為自己爭取最大的財務自由，令自己和別人的人生更豐盛。

家計簿的概念在日本十分盛行，它可以避免你忽略生活上的細節，而不是為你添麻煩。理財的目的也是如此，要實踐從書中所學的技巧，得配合你的性格及及財務狀況，令理財變成習慣，融入生活之中，理財就會變為很輕鬆很有趣味的事情。

年輕人都渴望獨立，真正的獨立，是不成為他人的負擔，如果因過度消費而負債，全家人也會承受巨大的壓力；真正的獨立，也不等於你只顧自己，相反，你其實已有與他人分享的能力。《聖經》五餅二魚的故事十分有趣，耶穌把五塊餅和兩條魚分給數千人享用，最後不單不會不夠，甚至還剩下許多！**在眾人之間傳遞的不單是餅和魚，而是很大的祝福和施愛，這才是使人富足的原因。**

我們也願意以這本書作為對你的祝福，希望
這道理財的階梯
能鼓勵你建立真正富足的人生！

延伸閱讀

池田香代子，《如果世界是100人村》，台灣東販出版，2002年。

香港公共圖書館索書號：542.07 3622

《新約聖經·路加福音 9:16 -17》

「耶穌拿着這五個餅、兩條魚、望着天祝福、擘開、遞給門徒，擺在眾人面前。他們就吃、並且都吃飽了。把剩下的零碎收拾起來，裝滿了十二籃子。」